从零开始学思维导图

蔡万刚 ◎著

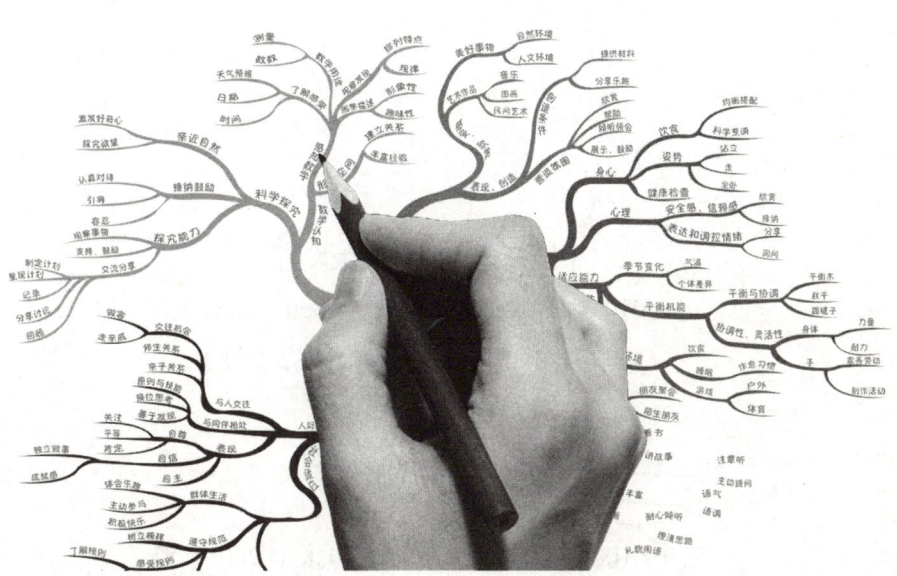

中国商业出版社

图书在版编目（CIP）数据

从零开始学思维导图 / 蔡万刚著 . — 北京：中国商业出版社，2018.7
ISBN 978-7-5208-0484-4

Ⅰ.①从… Ⅱ.①蔡… Ⅲ.①思维方法 Ⅳ.① B804

中国版本图书馆 CIP 数据核字 (2018) 第 159307 号

责任编辑：唐伟荣

中国商业出版社出版发行
010-63180647　　www.c-cbook.com
(100053　北京广安门内报国寺 1 号)
新华书店经销
北京晨旭印刷厂印刷

*

710×1000 毫米　1/16　15 印张　200 千字
2018 年 7 月第 1 版　　2018 年 7 月第 1 次印刷
定价：48.00 元

* * *

（如有印装质量问题可更换）

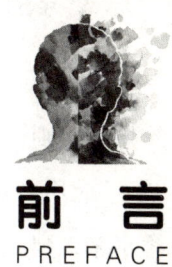

前言
PREFACE

给思考加点力量

相信你也有过这样的时候：明明是一个很简单的问题，但怎么也找不到破解的方法；或者，明明是一个很简单的问题，但就是找不到任何解决的思路。这些问题的出现往往是因为你采用了一贯的思维方式，而没有考虑去换个角度想问题。

如果跳出固有的思维模式，也就是跳出固有的"思维怪圈"，尝试新的思考方法，锻炼新的思考力，就会获得意想不到的结果！

思维导图可以帮助人们提升思考力、促进大脑进行联想，跳出固有的思维模式。

说起思维导图有些人会感到陌生，"思维导图"在我国的发展起步较晚，但是，新加坡、澳大利亚、墨西哥早已将思维导图引入教育领域，哈佛大学、剑桥大学、伦敦经济学院等知名学府都在使用和教授思维导图。

思维导图，不但能够培养你掌握思考力来分析与解决问题，还能够帮助你进行结构化思考。在这个前提下，本书分三个阶段循序渐进地训练你的思考力。

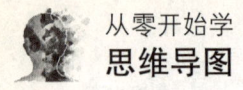

"接受"是第一阶段：将对自己大脑的种种成见撇在一边，严格按照思维导图规则，尽量惟妙惟肖地模仿给定的范式。

"应用"是第二阶段：把练习思考力的思维导图的全部规则和建议都列举出来，建立自己的思维导图风格，并尝试勾勒出不同类型的思维导图，直到它成为你组织思想极自然的方式。

"改编"是第三阶段：练习过好几百幅"纯正"的思维导图之后，就可以开发思维导图的创造力，并使用思维导图来整理报告、制定工作计划、管理时间、管理人际关系了。

思维导图不仅是生活、工作的好帮手，同时还是提升思考力的神器，通过以上三个阶段的训练发散自己的思维，从而成为思维导图的高手。

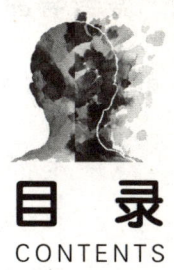

目录
CONTENTS

Part1
刻意练习思考力,打通思维的"任督二脉"

第1章 你是否"眼高手低"?快点提升思考力 / 3

1.1 什么是思考力 / 4

1.2 深度思考 / 8

1.3 思考力≠实现力 / 14

1.4 发散性思维 / 15

1.5 思考力与想象力 / 19

1.6 思维定势 / 23

第2章 刻意练习,"杰出"的人绝不是天生的 / 25

2.1 什么是刻意练习 / 26

2.2 创建良好的心理表征 / 34

2.3 如何走向"杰出"的人生 / 38

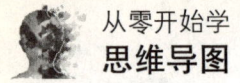

第3章 让人受益无穷的黄金思维法则 / 41

3.1 水平思考 / 42

3.2 垂直思考 / 46

3.3 曼陀罗思考法 / 50

3.4 分类思考 / 55

第4章 练习思考力的神器,增强记忆力的好帮手 / 59

4.1 何为思维导图 / 60

4.2 学习思维导图的益处 / 63

4.3 思维导图的外化潜能 / 68

4.4 唤醒沉睡的右脑 / 70

4.5 思维导图提高记忆力 / 72

4.6 思维导图在学习中的优势 / 73

Part2
欢迎来到思维导图的世界,带你开启思考的大门

第5章 绘制思维导图前你应该知道的 / 79

5.1 思维导图概述 / 80

5.2 识图三步曲 / 84

5.3 思维导图的一级、二级和三级 / 88

第6章 八种基本类型，丰富你的思维导图 / 91

6.1 适合头脑风暴的圆圈图 / 92

6.2 善于发现世界的气泡图 / 94

6.3 对比关系的双气泡图 / 96

6.4 明确归类的树状图 / 98

6.5 培养空间感的括号图 / 100

6.6 培养程序性思维的流程图 / 102

6.7 探究原因、结果的复流程图 / 104

6.8 建立类比关系的桥形图 / 106

第7章 "三、六、八"归"一"，手把手教你画图 / 109

7.1 首先学会模仿 / 110

7.2 思维导图的绘制要诀 / 112

7.3 色彩是个好东西 / 114

7.4 你的脑海中有一个苹果 / 118

7.5 思维导图绘制的误区 / 122

7.6 思维导图的三种用法 / 124

Part3
别担心，这些事情思维导图帮你一次搞定

第8章 变繁琐为轻松，思维导图带你高效学习 / 129

8.1 思维导图与学习 / 130

8.2 思维导图助你读书 / 132

8.3 思维导图助你有效地构建知识体系 / 139

8.4 考试与思维导图 / 145

第九章 画一张图，瞬间让时间管理更清晰 / 151

9.1 时间都去哪儿了 / 152

9.2 了解时间管理 / 158

9.3 时间"四象限"法 / 160

9.4 第二象限工作法 / 161

9.5 制订工作计划，提高工作效率 / 162

9.6 如何制订清晰的周计划 / 165

第10章 犹豫不决？思维导图帮你作决策 / 169

10.1 决策对个人的意义 / 170

10.2 为什么总作不好决策 / 171

10.3 如何作出满意的决策 / 174

10.4 决策的方式 / 178

10.5 思维导图引导你走向内心答案 / 181

10.6 思维导图助力职业生涯规划 / 186

第11章 职场必备！会议中的思维导图 / 189

11.1 完美的会议纪要，让老板对你刮目相看 / 190

11.2 不同类型的会议如何记录 / 192

11.3 思维导图助你组织小型会议 / 195

11.4 会议管理工具——XMind / 198

第12章 用思维导图梳理人际关系,让沟通时更加自信 / 199

12.1 利用思维导图进行分析,独特简历敲开公司大门 / 200

12.2 用思维导图帮你更好地与人沟通 / 204

12.3 思维导图助你演讲 / 208

12.4 思维导图实现视觉化,创造良好沟通,促进人际交往 / 210

12.5 利用思维导图处理人脉关系,整理人脉关系网 / 212

附录 常用思维导图软件介绍 / 227

Part1
刻意练习思考力,打通思维的"任督二脉"

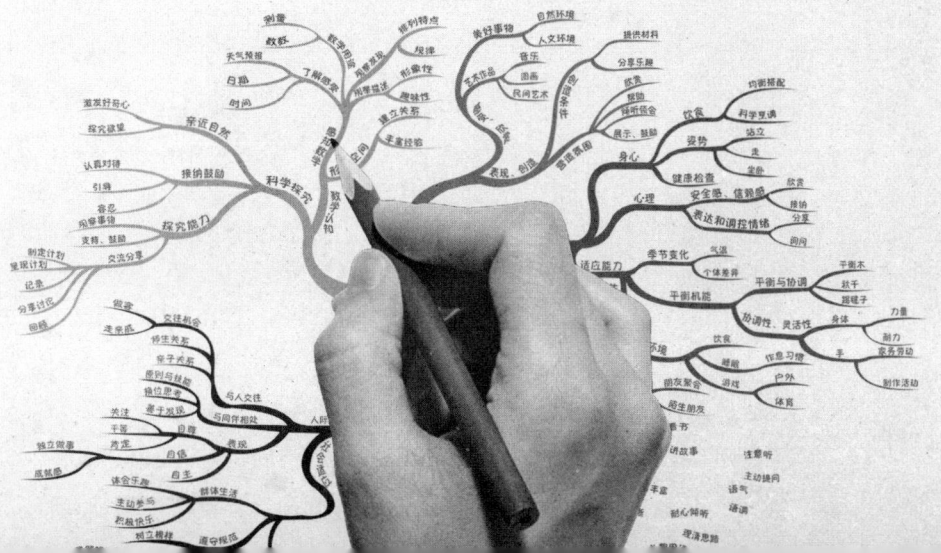

第 1 章
你是否"眼高手低"？快点提升思考力

你是否有过这种时候：自己明明做了很多准备，但是并没有考好；明明很努力了，但在工作中仍旧表现平平；明明自身很有才华，却永远无法引起其他人的注意；明明自己的理想十分远大，但落实起来却无从下手。其实你并不比其他人差，也许你只是思考力还不够。

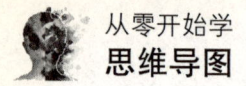

1.1 什么是思考力

在日常学习生活中,我们总感觉自己有一肚子的墨水,但就是倒不出来;工作中我们苦于没有更加创新的灵感让老板眼前一亮,总是一遇到需要动脑的问题就十分头痛。

为什么会出现这样的情况呢?我们的大脑又是从什么时候开始变得迟钝了呢?为什么现在的人们越来越乏于思考,体会不到思考的乐趣了呢?这种种问题的答案,归根结底就在于其实我们大多数人根本就不懂得应该如何思考。

一定会有人反驳:明明人类无时无刻不在思考,如果没有进行思考,那每天又是如何完成学习工作的?没错,我们的学习生活和工作都免不了要动脑,但那是真正的思考吗?可能只是一种思维惯性,只是一种习惯,或者只是"空想"呢?

思考的过程包含了很多心理活动,其中重要的有观察、记忆、想象、探究、分析、判断等。我们在学习工作时,很多情况下都是在运用习惯性的下意识思维,例如在学习中按照上课教学的内容完成老师布置的作业,在工作中按照老板的指示机械性地重复同样的工作。

在这样的情况下,你的大脑其实并没有进行积极的思考,而是在"空转"。大脑空转最显著的表现就是,当一个人看似十分认真地思考了一大堆并不重要的事情之后,对于思考的中心问题并没有作出一个有效的解决方案。

真正的思考问题不应该是对毫无意义的问题进行无用的思考,而是应该在对中心问题进行了足够多的了解并且收集了大量资料之后,在自己的大脑中梳理出一套分析的框架,最后给出能够解决问题的方案。

而这样的能力并不是一蹴而就的,思考力需要大量的练习,没有思考力就无法捕捉到突如其来的灵感。同样是苹果掉落在头上,牛顿思考出了万有引力定律,而缺乏思考力的人最多也就是思考为什么被砸的是自己。没有思考力,你就只能被动地等待着机会出现在你的眼前,而你却不一定能够抓得住。相反,具有思考力的人就能够顺藤摸瓜,从问题的根源出发,探究其原因,而并不是流于问题的表面。

善于思考的人能够从瓦砾中找到黄金,纵览世界上拥有伟大成就的人,无一不是具有独特的思考能力的,那些风靡世界的产品甚至可以颠覆人们的生活,也都是创意性十足的。在这其中思考力起到了决定性的作用。

说了那么多思考力的好处,究竟什么是思考力呢?

1.1.1 思考力

思考力就是指在思维过程中产生的一种作用力。这种力很像是物理学上的力,在物理学中,力具有三个基本要素:大小、方向、作用点。而思考力,同样具有三个基本要素:大小、方向、作用点。只是在思考力的概念中,这三个要素被赋予了新的定义。

1.1.2 思考力的大小

在思考力的概念中,大小就是表示思考者对于思考的对象所了解、掌握的信息的多少。如果你对所思考的问题没有相关的知识和信息储备,那么你也就不可能产生相关的思考活动。

1.1.3 思考力的方向

思考力中所说的方向是指围绕着思考对象形成的思路,就是思考的目标。如果没有方向,思路就会分散,思维混乱自然也就不能产生思考的力量。

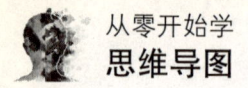

1.1.4 思考力的作用点

作用点是要求要将思考集中在思考对象上，并且把握住其中的重要环节。只有找准作用点，你的思考活动才会有目的，灵感才能够喷涌而出。如果找不准思考的着力点，那么你就会"走神"，就会胡思乱想。

思考力的表现形式有很多种，举一个最简单的例子：当笔者提出"什么是思考"这个问题后，每个人的脑海中都会闪现出很多不同的东西，可能是具体实物，也可能是某些词汇。但是，有些人会联想到10种甚至20种不同的可能性，有些人却连一个都想不出来。这就是思考力的差异。

亦或者以美国的苹果公司为例，iPhone手机是具有跨时代意义的产品，其大胆的创意以及独特的设计理念在之前都是难以想象的，这不仅说明了苹果公司的技术在世界名列前茅，也说明了苹果公司设计团队员工的思考力都是超前的。可以说思考力是进行发明创造不可或缺的能力，而这种能力不能以普通的意义进行衡量。

想一想在你自己的日常学习生活中有没有出现过"走神"的现象？或者说你走神得非常严重呢？你在学习、工作的时候是不是经常"东一榔头西一棒槌"地做事呢？有没有人说过你"想一出是一出"呢？

这都是你的思考力不足的结果，反观上述的思考力要素，你的问题究竟是出在哪里了呢？别让自己的思考停留在事物的表面，学会深入思考，提高思考力是关键。

第1章
你是否"眼高手低"？快点提升思考力

根据上文内容，总结重点填入下图。

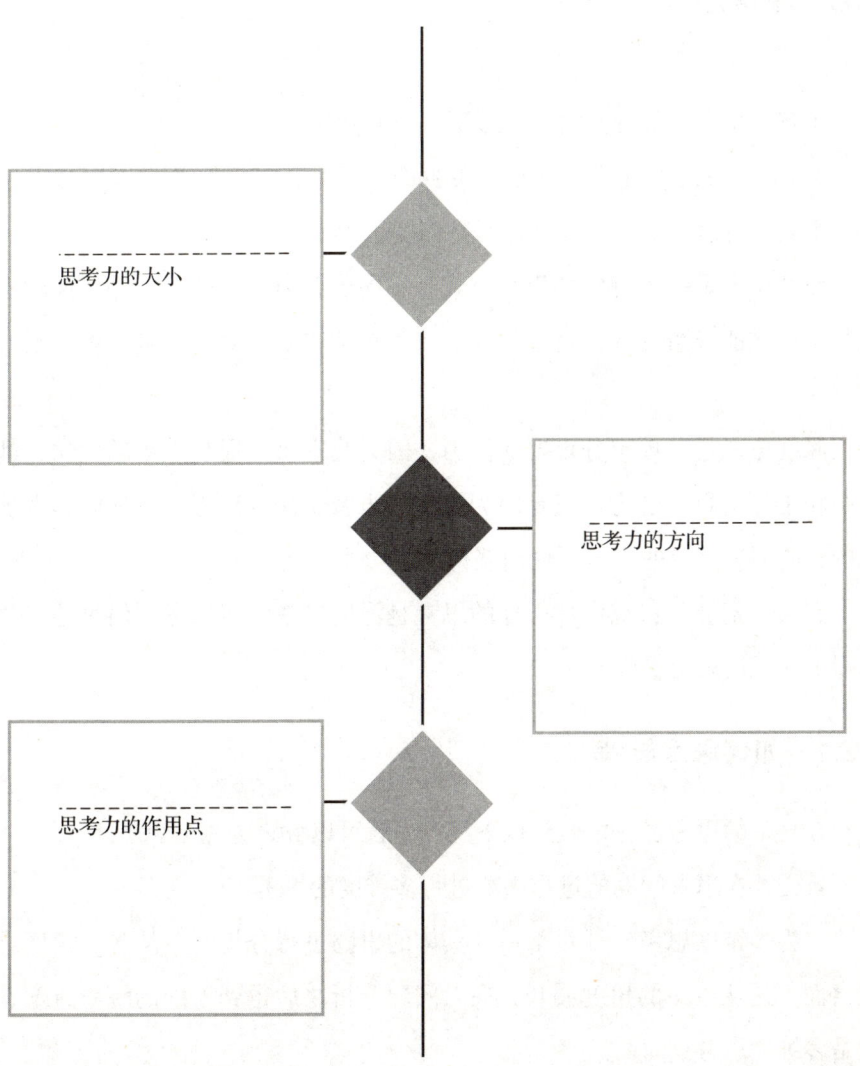

1.2 深度思考

了解了思考力的含义之后，接下来我们就应该了解什么是深度思考。

"思考"是人类维持生存必不可少的一项生理活动，而"深度思考"不是每个人都可以做到的。那么什么是深度思考呢？

深度思考是一种特殊的思考方式，不同于普通思考的单一性，深度思考的思维模式能够帮助我们透过事物的表象看清本质，对事物进行更深层次的挖掘。

深度思考是一项十分重要的能力，因为几乎每个成功人士的成功，都可以归功于深度思考能力。正是因为成功人士善于深度思考，更加能够发现问题的核心或者大众的心理，他们获得的成功才会是空前的。

有人一定会问：究竟什么样的思考是深度思考？而思考到何种地步才能算得上是深度思考了呢？

1.2.1 如何深度思考

在日常的思考过程中做到以下三点，就可以称之为深度思考。

首先，在思考问题的过程中要进行多维度的思考。

何为多维度思考？针对某一件具体的事物进行分析时，从多个角度进行观察而不是从单一的角度展开，在对问题分析之后得到不同的解决方案，这就是多维度思考。

举一个很简单的例子，一个苹果，从生物学的角度来看属于果实，从化学的角度来看是多种化合物，从经济学的角度来看又具有了一定的商业价值。每变换一个视角，得到的结果都是不同的。

想要做到多维度思考其实并非易事，这是要建立在有大量的知识积累的基础之上的，只有拥有了丰富的知识底蕴，才可能做到从各个方面对同一事物进行剖析。

在拥有了知识储备之后，还要做到转换自己的视角，尝试从不同的角度去观察自己所面临的问题或者分析的事物，这样才会更加全面，这也才谈得上是多维度思考。

其次，深度思考要求将脑海中的问题具现化。

具现化思考指的就是将脑海中的想法用具体的形式表现出来。创意很多时候都是来自于某一瞬间的灵光乍现，不过只有想法是没有用的。思绪总是在一瞬间就消失了，一个孤零零的想法起不到任何作用，将这些想法进行有血有肉的填充才是更重要的一步。

深度思考的第二步就是要将思维进行具体化。在想法具体化的过程中，可能会遇到很多在此前思考的过程中没有考虑进去的问题。这种时候，具现化思维可以提醒你注意思维是否片面，以及及时弥补思维漏洞。

将一个粗糙的想法具现化，然后不断地进行打磨与细化直到完美，这样的思维方式才可以让自己的思考力更上一层楼。

最后，深度思考还需要具备的能力就是思考问题的前因后果。

这听起来好像十分简单，但其实不然。任何事情，哪怕是再细微的事情都有存在的意义。当我们遇到问题或者分析事物的时候都需要仔细思考，它存在的理由究竟是什么。

深度思考要求我们在找到中心问题的时候，都要对问题的整体进行一个俯瞰，对问题有了充分的理解之后，再进行有针对性的思考。

思考结果并不是让我们畏手畏脚，而是要对自己需要思考的中心问题有足够的了解，这样，在思考的过程中才不会偏离中心，而且知道自己的思路大致需要发散到哪里。

总结深度思考的几个步骤。

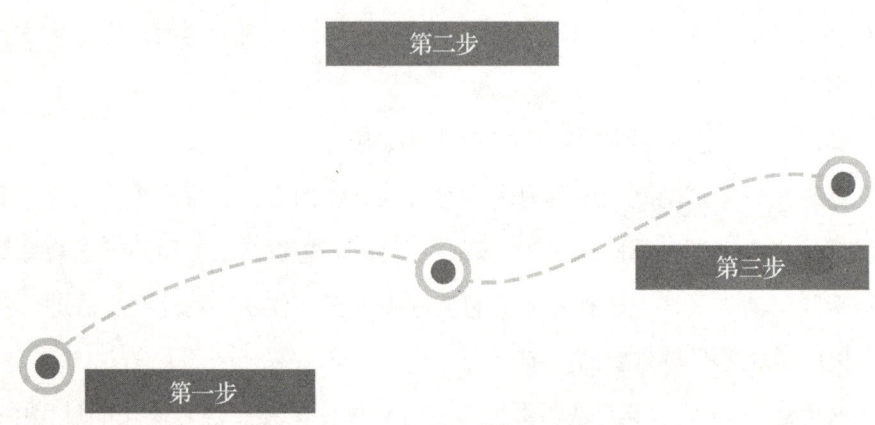

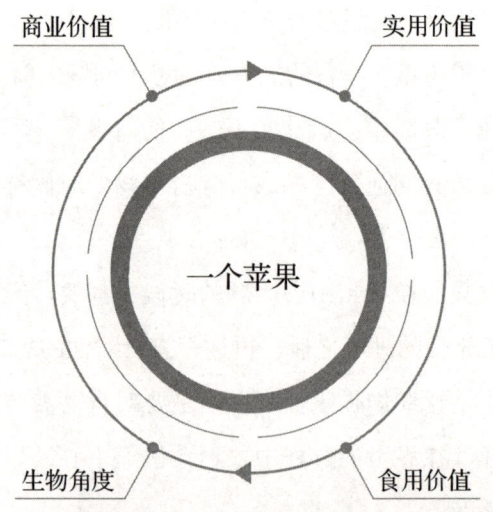

1.2.2 保持好奇心，多问"为什么"

当我们理解了什么是思考力之后，如何培养思考力并且保持自己思维的活跃程度就成为了我们关注的重点。

保持思维的活跃度，最主要的一点就是遇到问题的时候要多问自己"为什么"，这就是要保持自己的好奇心。人们总说好奇心是推动人类前进的最大动力，有了第一个吃螃蟹的人，人类的发展才会逐渐产生进步，只有充满好奇心，才会有机会发掘细节背后的更多秘密，而将问题思考得更加深入，才会使得自己的思维更有条理性。

著名科学家爱因斯坦曾说过："我能够取得成就的很大一部分原因就在于我对凡事都充满了好奇心。"好奇心能将人们的思维转移到更加有兴趣的事物上，但这只是一个较为肤浅的理解。好奇心本质上是一种层次更深、更加复杂的现象，好奇心在人们思考的过程中起着非常重要的作用，可以说是培养思考力的关键。

我们在思考的过程中时常会有一种错误的趋势，即我们对自己熟悉的事物会渐渐地不再重视，而对新鲜的事物会提高注意力，也就是所谓的喜新厌旧。其实无论是怎样的话题，在每一次思考的过程中都会有更新的体验。

在思考的时候，我们要学会采用好奇心导向型思维方式，而不是目的导向性思维方式。因为只有我们摆脱了思维定势，才会容易思考出更加创新的方法。

好奇心导向性思维更多的是提供了一种面对问题进行思考时的积极策略，因为只有充满好奇心才能培养出我们更加广阔且灵活的思维。

以谷歌公司为例，这个公司对员工实行的管理政策是"放养"，其为员工提供的有趣和谐的工作环境也被人们津津乐道。这样一家世界闻名的公司还运用了20%法则，目的是鼓励员工创新。所谓的20%法则指的是谷歌公司允许员工用20%的工作时间来研究工作以外自己感兴趣的任何项目。这听

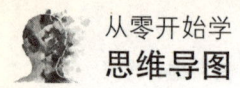

起来似乎十分可笑,但就是凭借着这样的法则,谷歌公司员工在头脑风暴时可以思考出更加具有创造性的点子,谷歌公司引领时代的创意也都源于员工思维发散的奇思妙想。

好奇心导向性思维并不是偶然的产物,其实这也是一种需要培养的思维方式。这是一种遇到问题时积极应对的战略。在思考的过程中最需要的就是有好奇心,如果没有好奇心,那么就会固步自封,限制了自己思维的发散。

同时,好奇心也是一切思维的起源,当你对问题产生了好奇心,那么就不会在意思维过程中是否会偏离主路,因为人类的思维本身就是发散的,一闪而过的思绪往往占据了大多数想法,我们不应该否定那些闪过的想法。

在思考的过程中,经常问自己一句"为什么"会更加有助于增强自己的深度思考,而上文中也阐述了深度思考的重要意义。

这种充满好奇、不断发问的态度可以在很大程度上开阔我们的视野,并且可以提高我们思维的灵活程度,同时促进大脑的创造性想法的产生。

第1章
你是否"眼高手低"？快点提升思考力

多向自己问一问为什么（如下图例子）。

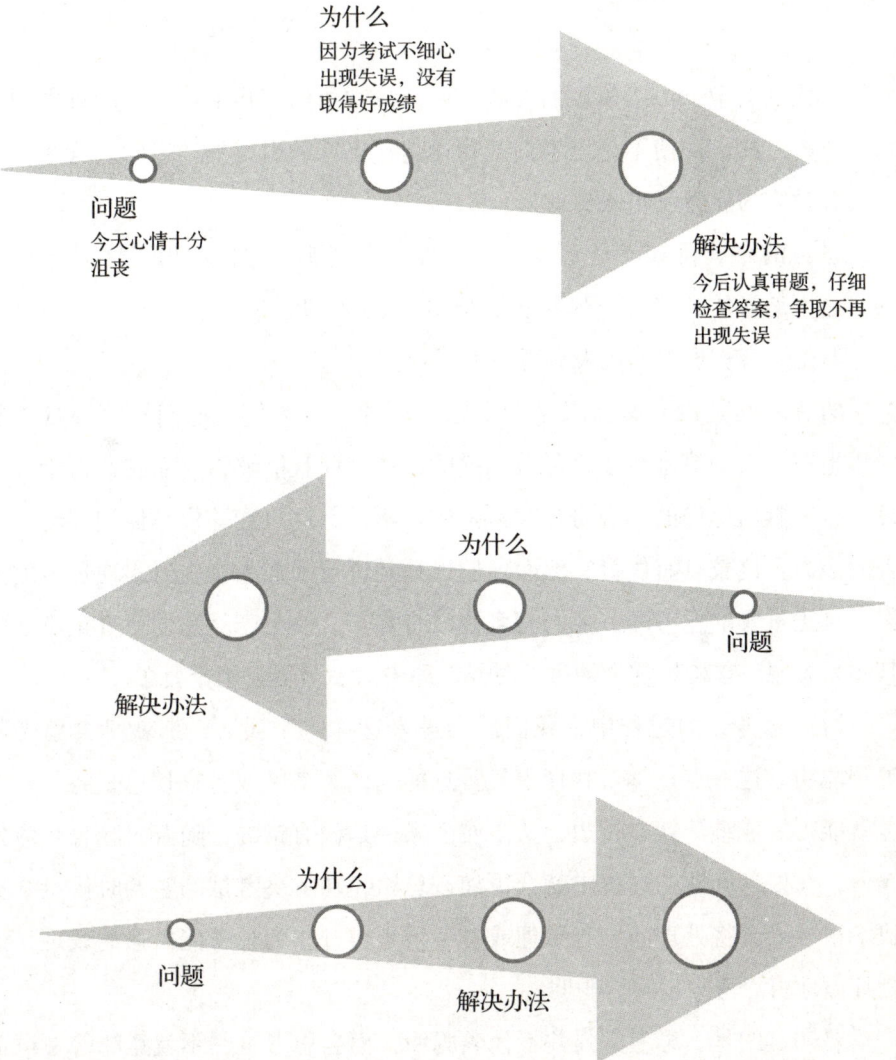

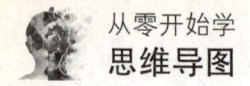

1.3 思考力 ≠ 实现力

当代社会中,由于信息的发达,一切事物仿佛都触手可及,所有事物都是思考的产物,即使不是思考的产物也是在思维的引导下产生的。这些将想法变成现实的能力就叫做实现力。

思考的终极目标就是实现,将思维变为现实,这样的思考才是有价值的。这也是为什么说我们不能做思考的巨人、行动的矮子。

但是,有实现力就代表有思考力了吗?

两者之间是没有必然联系的。以工厂的工人为例,他们日复一日年复一年地在工厂的流水线上重复着同样的工作,而且能够将产品制造得十分精良,可以看出他们的实现力是非常强的。不过,这只能够代表他们在动手实现的能力上比较具有优势,然而他们也只是进行了产品在生产实现环节的工作,真正重要的思考环节他们其实并没有参与。一个产品和创意真正重要的其实是思想,在构思这个创意的时候,思考力就显得尤为重要了。

讨论思考力的过程中,我们总会进入这样一个误区,那就是会思考就等于聪明。这一点是学习教育中最常见的问题。老师或者家长总是将"多思考就能得好成绩"挂在嘴边,从本质上来说是没有错的,随着大脑思考愈发频繁,在处理问题的过程中就会更加有思路,在解决考试问题的时候也会更快。很多人会将处理问题有条理或者考试考得好作为思考能力强的表现,这是片面地将思考力理解为聪明。

要知道的是,思考力强并不代表聪明,而会思考也并不就意味着考试成绩优异,这正是由于思考力与实现力是完全不一样的。就以著名的物理学家爱因斯坦为例,他在8岁的时候学会说话走路,在上学期间频频"挂科",学习成绩不是大家想象中的那么优异,甚至一度是老师眼中毫无才华的人。但是,爱因斯坦的成就改变了整个世界,没有人不知道他。

反观一些在学校中成绩优异的学生，他们的考试成绩优异，是老师家长心目中的聪明孩子，但是当他们走上社会之后往往会发现他们很难作出更大的贡献以及成就。

为什么会产生这样的差异呢？

这就是思考力与实现力的不同了。那些实现力出众的孩子可以很精准地完成老师、家长交给他们的任务，他们的成绩始终很好，学历自然也就越来越高。事实上，有些好学生的创造力正是由于过度的应试学习而消耗殆尽，他们的实现力也许很强，但其实大脑早已生锈，思考力并没有提高。

实现力在解决例如应试这类有正确答案的问题时肯定是十分有作用的，因为这些有既定答案的问题有特定的解答步骤或者规律可寻，就像是当代的应试教育，学生按照老师的模板或者步骤答题，考出的分数都不会很低。这样会出现一个很大的问题：依靠这样的"套路"获得了短期的成功，会让他们满足于现状，这样就会限制住了思维，使得他们的大脑停留在惯性思考上，不会再进一步地进行深入思考。

遗憾的是，这样的实现力在学习过程中也许十分有效，但离开校园进入社会中，需要这样惯性的实现力的情况是少之又少的。当代，最需要的就是创新性人才，而创新性人才最重要的一点就是具有较强的思考力，这也是为什么说思考是创新的钥匙。

1.4 发散性思维

发散性思维又称辐射思维、放射思维或者扩散思维，这指的是大脑在进行思维过程时呈现出的一种放射性、扩散状的思维模式。换句话说，我们在解决问题的过程中表现出的发散性思维特征，指的就是个人的思维会沿着许多不同的方向进行拓展，最终产生出不同的观念或者答案。

人脑的思考形式是呈放射状的，这和控制人思考的大脑结构有关。大脑

中约有一万亿个脑细胞,其中负责控制我们进行思考的脑细胞也就是神经元约有一千亿个。将这些脑细胞放大来看,会发现每一根突触都像是树木的枝干一样,是向外扩散延伸的。脑细胞的枝干叫作树突,其中较为粗大的是轴突,四周分布的小突起则是突触小体。人类的大脑信息就是由这些突触不断传递最终形成图谱,要知道人的大脑有无限的可能,而绝大部分人到死也只能开发了不到25%的大脑。

发散性思维正是贴合了大脑的这种思考模式,拓宽思维的广度,让原本单一的思考方式发散呈现出多维放射状,这也是我们常说的"一心多用"。本书将要介绍的思维导图工具正是运用了这样的方式"一事多写",结合各种方式展现同一问题,培养发散性思维。

发散性思维是创造性思维的主要特点,也是创造力的主要来源之一。

1.4.1 了解发散性思维

要了解发散性思维,首先要从思维的分类开始了解。思维是人脑对客观事物本质属性和内在联系的间接反映,通过大量的思考以及思维发散产生全新的思维成果就是创意思维,也被称为创造性思维。

那么,发散性思维究竟有什么用途呢?发散性思维对于思考力的培养真的那么重要吗?答案是肯定的。

发散性思维在我们的思考力培养中起到了核心性作用。因为想象力是人脑创新活动的主要源泉与动力,而发散性的联想又会使得这些灵感的源泉汇聚,发散性思维模式就相当于是为源泉提供了通道,可以更加有效地提升我们的思考力。

发散性思维模式不仅可以提升我们的思考力,同时还可以增强我们的创新性思维,可以让我们在对问题获得足够多的了解之后收敛思维。

1.4.2 发散性思维的特性

发散性思维还具有十分多的特性。

首先，发散性思维具有流畅性。流畅性也就是在思维观念上的自由发挥能力，指的是在尽可能短的时间内生成并且表达出尽可能多的思维观念，以及用较快的速度适应并且消化全新的思想概念，并流畅地加以运用。

流畅性反映的是发散性思维的速度与数量。在绘制思维导图的过程中，流畅感也是十分重要的，这决定了绘图时的思维是否有逻辑性，能够获取到的关键词是否相关且大量。

其次，发散性思维具有变通性。所谓的变通性指的是我们在克服困难的时候是否能够跳出固定的框架，打破自己僵化的思维模式，寻求一种新的方向进行思索。

变通性其实是很难做到的，俗话说的"不撞南墙不回头""一棵树上吊死"也证明了人在对问题进行探究的过程中其实是很难学会变通的，因为变通需要打破思维定势，这是很难做到的。

想要学会变通，需要借助横向类比、跨域类比、触类旁通的方法，要让自己的发散思维沿着不同的方向和方面进行扩散，这是需要对中心问题有很深入的了解才能够做到的。

再次，发散性思维具有独特性。独特性指的是在我们进行思维发散的过程中，会做出不同于他人的反应的能力。这种能力本质上是对问题有了足够的了解之后，通过自己的思维进行的创新性思维。

例如，在刚开始研发计算机的时候，大众都认为计算机的体积过于庞大，只能够用在科学研究的大量运算中。而乔布斯另辟蹊径，引入了家用PC电脑的概念，让电脑摆脱了科研专用的头衔，进入了千家万户。

这种创新思维是最难培养的，因此独特性也是发散性思维的最高目标。

最后，发散性思维具有多感官性。这是因为发散性思维不仅仅局限于大脑的思考，还应当是多种感官共同参与的。

例如思维导图的呈现形式就是完全利用了多感官性，通过手绘的形式，运用色彩刺激绘图者的各个感官，可以帮助思维者激发兴趣，产生创新思维，而将想法色彩化还有助于提高发散思维的速度与效果。

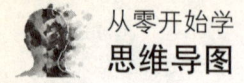

对于任意话题进行发散性思考，看看自己可以想到哪一层。

1.5 思考力与想象力

我们对思考力进行练习时,除了要培养自身的发散性思维,同时还要注意训练自己的想象力。

人不仅能够通过回忆或者是对知识的理解来感知问题,同时还可以创造新的思路,在发散性思维的作用之下,人脑中仍旧需要更多的灵感将发散的思维进行创新,产生新事物新思路的过程就叫做想象。

想象是人类的头脑中原有的表象,经过大脑的潜能加工改造和重新组合而产生新的思路的过程,也是一种更加高级的思维活动。形象性和新颖性是想象活动的基本特征,因为想象活动主要是处理图形信息,是可以用最为直观的方式呈现在人们脑海中的信息,而不是简单的文字或符号。

1.5.1 想象力的重要性

那么为什么又说思考力的训练与培养离不开想象力呢?

从目的的角度来看,思考力与想象力都是为了活跃人类的大脑思考,思考力具有更多的逻辑性与条理性。而想象力则可以脱离思维的框架,随意地发散大脑思维,进行更加深入的思考。

从内容程度上看,思考力在对已有的内容和知识分析上更具优势,更多地属于现实,而想象力则更多地偏重于幻想与联想。

大脑在思考中能够在认识的基础上,构成一些还未经过认证的事情的能力就是想象力。例如毕达哥拉斯在有限的理论基础实践上创新性地提出了地球是圆形的这一理论,不仅因为他的思考力十分强大,同样体现了他强大的想象力,因为那样的理论在当时看来简直是天方夜谭。想象力属于人类一种高级的认识过程,也是一种十分重要的思维能力。

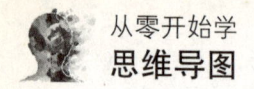

很多人会片面地认为，想象就是脱离现实的，只是大脑的一种空想，停留在幻想阶段，是虚幻的、与现实无关的，认为想象完全只是人脑的"自由创造"。

正如上面毕达哥拉斯的例子所言，又如凡尔纳的长篇小说《海底两万里》中对未来科技的描述，在当时的科技环境下很难想象那些技术都会实现。而如今当时书中的空想已经成为了现实，所以人们常说想象力极大程度地推动了人类科技的发展。

当然，同样有很多想象确实不同程度地脱离了现实。因此，在培养想象力以提高思考力的过程中，我们必须以现实为基础，让我们的想象是客观现实的反映与延伸。有可能某些时候我们的想象总体来说是十分不可思议甚至是荒诞的，是现实世界中看似不可能存在的，但我们要明确构成这条思路的理论或者知识是客观存在的。

就像我们都知道在现实生活中，"穿越"似乎是不可能存在的，这个概念只能够存在于人们的想象中，但爱因斯坦的相对论理论却又是客观存在的。这也就是说，即使"穿越"是想象，是现如今无法实现的，但仍旧是可行的。

1.5.2 知识与想象力

人的想象是在广泛的感知、丰富的经验、渊博的知识的基础上产生的，知识是想象的基础，没有知识基础，毫无科学根据，漫无边际的想象只能是毫无意义的空想。那么学习知识的过程又会用到我们的思考力，因此，思考力与想象力两者是相辅相成的。

知识和想象不同，知识是激发想象力的前提条件，有些人虽然掌握的知识十分丰富，但是由于缺乏思考力与想象力而思想僵化，思路和观点都很陈旧，不能够充分利用已有的知识发散思维，结果就是变成了知识的奴隶。

法国生物学家克劳德·贝尔纳说："构成我们学习最大的障碍是已知的

东西，而不是未知的东西。"其中的意思是，人们不能被已有的东西或知识所束缚，而是要立足于已有的知识，大胆幻想，提出新颖独到的新见解来。而想要做到这样的创新，除了有思考力之外还需要运用大脑的想象力。

那些想象力极其丰富的人，就因为他们时常动用大脑练习思考力，使他们大脑中的想象区经常处在一种积极的兴奋状态，善于想象构思，创造新形象，而一般的人对想象区的潜力挖掘却不够。

想象的过程是属于思维范畴的，在训练思考力的过程中绝不可限制自己大脑的思维，不要忽视想象力的培养，因为只有具有了想象力，才可以真正地做到发散性地思考问题。并且，想象力也是在一般的思维过程中必不可少的一步。

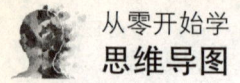

从零开始学
思维导图

充分运用你的想象力,在此处绘制一幅幻想中的世界吧!

想象力发散

1.6 思维定势

在练习思考力的过程中，最应该摆脱的就是思维定势。所谓思维定势，也就是根据积累的思维活动经验教训和已有的思维规律，在反复使用中所形成的比较稳定的、定型的思维路线、方式、程序和思考模式，这种单一性的思维定势在感性认识阶段也被称为刻板印象。

具体来说，就是因为习惯或者一定逻辑形成的知识以及经验，会使人形成认知上的固定倾向，从而影响到后来我们对问题的分析与判断这就是"思维定势"，也就是自己的大脑思维总是无法摆脱已有的条条框框的束缚，表现得极其消极。

有些习惯的养成是好的，但是如果大脑的思维形成习惯，那么我们就会对问题不假思索地进行反应行为和适应性行为，让我们的大脑处于舒适区。

当我们在进行刻意练习的时候，也同样要注意不要让自己的思维产生习惯，并按照一个模式进行思考，要在练习的过程中不断寻求突破，通过反复练习将巩固下来的习惯变成自己需要的思维方式。

如果经常按照思维定势的模式进行思考，就会逐渐形成牢固的思维定势，深入到潜意识中并反过来支配自己的行为。

思维定势一般与个人的世界观的形成存在着内在的必然联系，在进行思考的过程中也会产生极大的限制。由于它具有社会性、阶段性以及知识经验的局限性，在一定的历史时期成为指导人们个人行为方式的固有模式。然而，当时代需要变更创新、新旧交替时，又会成为其发展的主要障碍。这也是为什么一旦产生思维定势，我们的大脑就会停止思考，只会按照一贯的逻辑行动，这样创造力就会下降，思考力也会随之减弱。

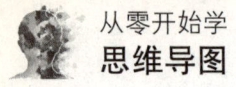

看看下面的小例子,测试一下自己有没有思维定势吧!

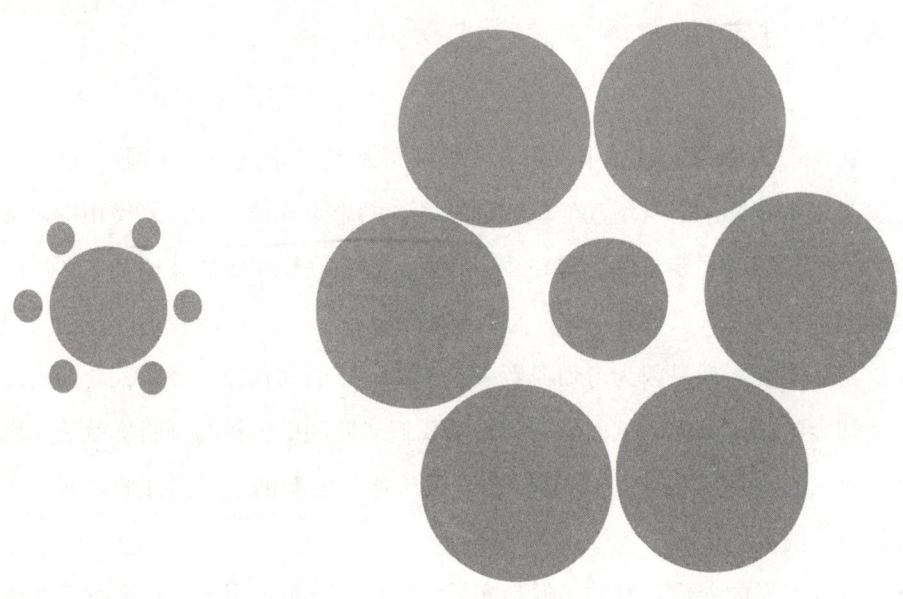

以上两个中心圆哪个比较大呢?在自己的生活当中又有哪些思维定势?

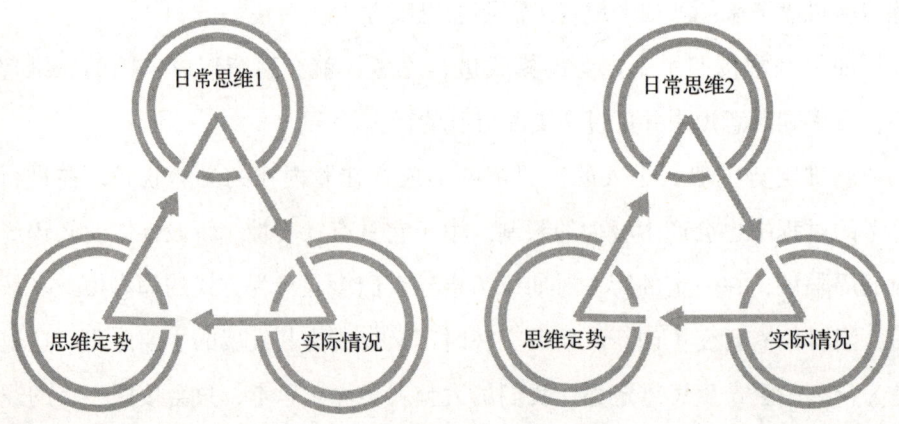

在我们的日常生活当中,又存在哪些常见的思维呢?

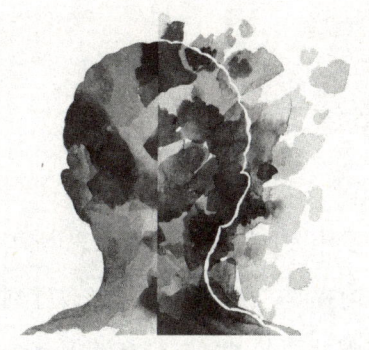

第 2 章
刻意练习,"杰出"的人绝不是天生的

"杰出者"和我们一样,大脑和身体都具有适应能力,只是比我们更多地利用了这种能力而已。"杰出"的人是训练的产物,成为大师其实是有路径可循的,那就是刻意练习。我们平时如能掌握刻意练习的原则,必将能跨越障碍,达到我们自己的目标。我们可以创造自己的潜力。

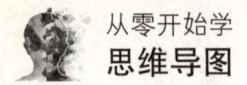

2.1 什么是刻意练习

前文中已经讲解了什么是思考力,那么思考力究竟是怎么获得的呢?

一个需要知道的前提是,思考力是可以通过刻意练习而培养提高的。那么什么又是刻意练习呢?顾名思义,刻意练习就是指有目的的练习,可以将其拆分成两个部分进行理解,那就是刻意学习加上不断地练习。

刻意练习的目的就是让你走出固定的思维,走出公式化的思考方式,要制订更加具有目的性的计划进行练习。对于思考力培养来说,刻意练习是十分有必要的,可以更好地整理我们的思路,有助于活跃我们的大脑。

刻意练习有四个显著特征。

2.1.1 刻意练习的第一特征是要确定明确的目标

在进行思考力的刻意练习过程中,确立明确的目标是十分重要的。

人类的大脑思维十分活跃,在我们思考问题的时候经常会出现"走神"的情况,这并不是说我们的注意力缺失,而是没有专注在自己的目标上。

有了明确的目标之后,接下来就是要将实现这个目标时的过程分解为几个小过程,并且根据小目标制订具体的计划,这样便可以有效地引导练习。

目标方向一定要指明

指明目标方向是开始刻意练习的关键。制定一个明确的目标,可以给练习者提供明确的行动方向,这样不会在练习思考力的过程中被一些旁枝末节打断了自己的思路。

同时,确定方向还有助于组织自己的思路形成一套统一的行动。在分析问题之前,确立了明确的目标可以俯瞰整个问题的脉络,有利于梳理自己的思路。

目标方向就是你研究问题的中心，无论分析何种问题都不能够偏离中心。

确立目标可以起到自我激励的作用

目标不仅是确定思维方向的条件，还是一种激励自己的力量源泉。因为有了目标，在思考的过程中就不会迷茫。

人的思路是分散的，在某一时刻一闪而过的念头十分多，当我们思考一个问题遇到瓶颈，或者被自己混乱的思路所干扰的时候，我们往往会陷入失落的境地。一旦我们拥有了目标，我们就有了继续思考的方向，才会产生成就感和满足感。同时，拥有明确的目标，在思绪混乱时就不会轻易陷入消极的状态中。曾有调查研究表明，大部分行业的工作人员或者学者，在拥有了明确的工作目标之后，精力会更加充沛，幸福感得到显著提升，同时工作效率可以提升 11%～17%。

目标可以在思考中起到凝聚作用

这一点是普遍适用的，在日常的工作学习中，拥有明确的目标可以让某一个组织的多个成员团结一致面对问题。组织成员的个人目标保持一致，能够极大程度激发组织成员的工作热情以及创造力。

个人思考的过程中，目标也可起到凝聚作用。你的大脑和其他感官就相当于你的一个组织，拥有了明确的目标后，你的身体各个部位都会紧密地结合在一起，相互协调，让你的思维活跃度达到最高，提升了你的思考力。

同时，我们要知道的是，目标也存在着一些特性。在思考的过程中，我们可以将自己的目标进行网络化。目标网络是指以某个具体的目标作为起点实施规划，然后从整体协调方面开始进行工作的方式。

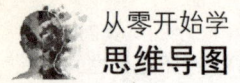

总结本章介绍的目标在刻意练习当中的作用。

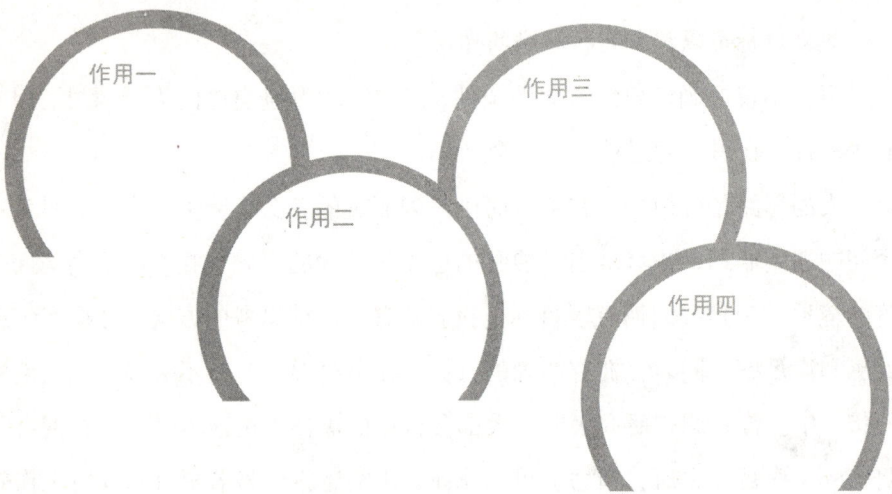

为自己制定一些小目标吧！

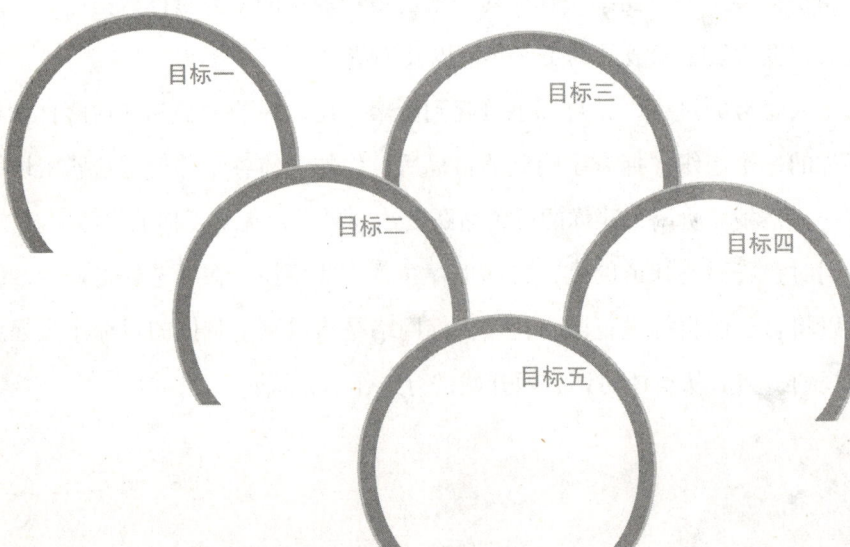

2.1.2 刻意练习的第二特征是专注于自己的目标

专注于自己的目标是刻意练习的关键。在自然界中，我们常会看到这样的场景，狮子在捕猎的过程中会追着一个猎物不放，一旦它分身去追其他的猎物，那么它的体力很快就会消耗掉，最终一无所获。

在刻意练习思考力的过程中，专注一个目标也是十分重要的。同一时间内我们也许很难同时完成很多件事情，但是只要我们有明确的目标，我们的大方向就不会走偏。

有很多看起来很聪明的人，他们忙忙碌碌，能够同时做很多事情。他们给人的感觉是非常能干，能力很强。可是到最后，这些人往往并不能真正做成什么事。相反这世上有许多人，看起来很一般，也没什么特别出众的才能，却能成就伟大的事业。这都是因为他们能像钉书针一样，认准目标，集中全力，不彷徨，不迟疑，奋斗到底。

这也是在刻意练习中为什么要专注于自己的目标。

2.1.3 刻意练习的第三特征是时常对练习进行反馈

拿破仑说过，不会从失败中寻找教训的人，他们距离成功之路是遥远的。曾子曰："吾日三省吾身——为人谋而不忠乎？与朋友交而不信乎？传不习乎？"伟大的改革家马丁·路德说："我今天要做的事太多了，所以我要多花一个小时祷告。"生活中，我们无时无刻都要反省自己的问题，在刻意练习训练中也是这样要及时对练习的内容进行反馈。

有目的性的刻意练习其中很大部分的内容，就是对自己的练习进行反馈，更加简单的说法就是对自己进行反省。这里我们说的"反省"，就是对过去进行回顾、总结、分析，发现自己的优点，检查自己的缺点，提出改进措施。

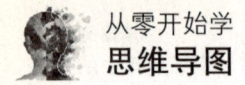

反馈的益处

那么及时反馈究竟有什么益处呢?

首先,时常对自己的练习进行反省可以避免遗忘目标。

遗忘是人的天性,人脑的特性就是如此,只有反复强化,才会形成长期记忆,艾宾浩斯曲线已经明确告诉我们了。学生需要复习,才能巩固知识;运动员要不断训练,才能形成肌肉记忆。

其次,时常反省可以提高自己的思维能力。

仅仅避免遗忘还不够,那叫原地踏步,我们的目的是向上攀登。反省的好处就在于我们能发现自己的问题,同时能发现自己的长处,于是就可以进行扬长避短。所以,很多人要做周总结、月总结、年度总结,公司也会要求员工做总结,也常常召开总结会议,国家也在不断地总结过往,开辟未来。

在刻意练习中,时常反省自己还可以突破局限性,让自己拥有更加开阔的创造性思维。我们要知道一点:人人都是一定程度上的"井底之蛙"。局限能导致太多的问题,无需多言。而反省,就能让我们审视自己的局限性,从而为自己创造一个更大的空间。

在思维练习的过程中,我们要尽可能地发散自己的思维,这样就更加需要我们有一个开阔的视角。不仅如此,我们思考时可能会走歪路,经常会联想到一些毫无用处的点上,及时反省就能够及时纠正这些想法,让我们更加专注于自己的目标。

最后,时常反省还可以提高我们的自控力与执行力。

高尔基说:哪怕是对自己的一点小小的克制,也会使人变得强而有力。自制力、执行力的作用,无需多言。而反省,就有提高这两种能力的功效。同时,自我反省还有助于认识自己的思维。

有几个问题很著名:我是谁?我从哪里来?我要到哪里去?认识自己,是一个永恒的话题。反省,就是一个回答这些问题的办法。不断自问、剖析的过程中,与自己进行更多的交流,更加地了解自己。只有了解自己才能够更加地了解自己的思维方式，才能够更好地控制自己的大脑。

2.1.4 刻意练习的第四特征是尝试新领域

刻意练习要求不断地尝试新的领域，这个本质就需要思考者走出大脑的舒适区，不断地尝试那些刚好超出能力范围之内的事情。

这就要求我们在刻意练习的过程中要付出最大限度的努力，这种努力并不是要我们按照同一种套路闷头前行，而是要求我们在原有的思维基础上，用创新性思维模式来考虑问题。

如果你从来不迫使自己走出舒适区，便永远无法进步。人类的身体有一种偏爱稳定性的倾向。对于处在舒适区之外却离得并不太远的"甜蜜点"上的挑战，大脑的改变最为迅速。

创新的思维确实重要，它是一切创新的基础。没有思维创新作先导，其他创新就是一句空话。思维创新的前提是"思维解放"，就是把思维从传统模式的束缚中解脱出来。同时，再用先进的思想武装头脑。这一点说起来容易，但要落实到行动中却相当困难。传统的思想一旦在人的头脑中形成，便立即占领了我们的大脑，并很快成为"首选模式"。

仅仅是企业界，这样的教训就不胜枚举。很多企业扩大到一定规模之后，"以攻为主"的经营方针不知不觉就会被"以守为主"代替，害怕失败，不敢向未知领域挑战。

那么我们应当如何培养自己的创造性思维呢？

第一，在培养创造性思维时，应当对自己将要讨论的问题进行全面的分析，只有全面了解问题之后，才有可能尝试不同思路。

第二，在培养创造性思维时，可以将问题用列举的方式展开，强制性地分析并寻找创造发明的途径和目标。运用列举的方式，可以帮助克服感知不足的障碍，"迫使"人们带着一种新奇感将事物的细节统统列举出来，"迫使"人们具体化问题。

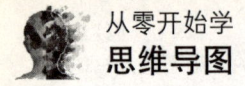

第三,在培养创造性思维时,应当充分利用世上万物的相关性、互补性,从多学科、多角度探讨解题方法。不同的信息在交合过程中可以产生新的信息,同时不断地产生新观念、新思路。

创新是人类进步的灵魂。如此,思维创新便可认作是灵魂的核心,同时也是培养思考力的关键。

第2章
刻意练习，"杰出"的人绝不是天生的

运用5W2H分析法培养创新思维。

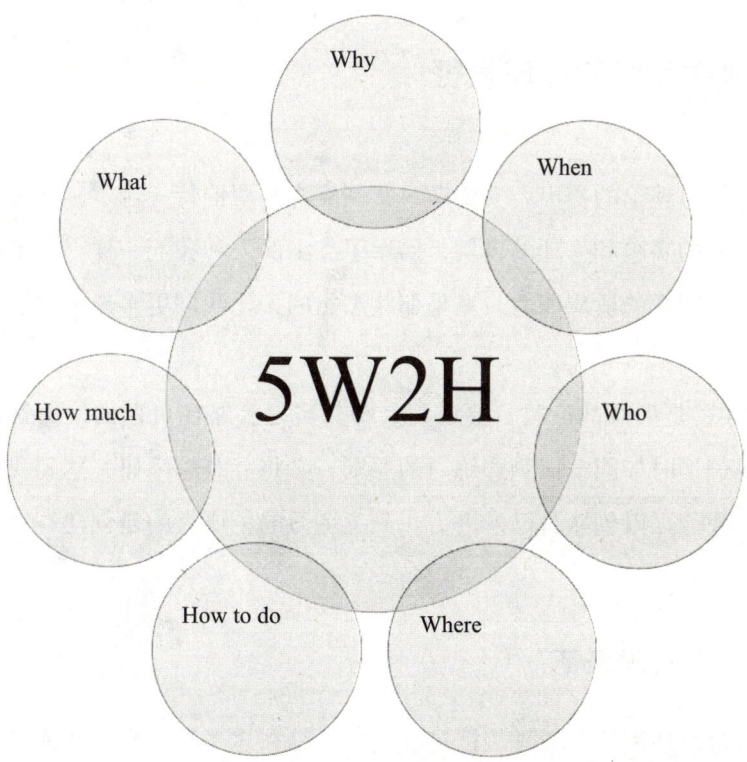

活用SWOT分析法，培养思维创新分析。

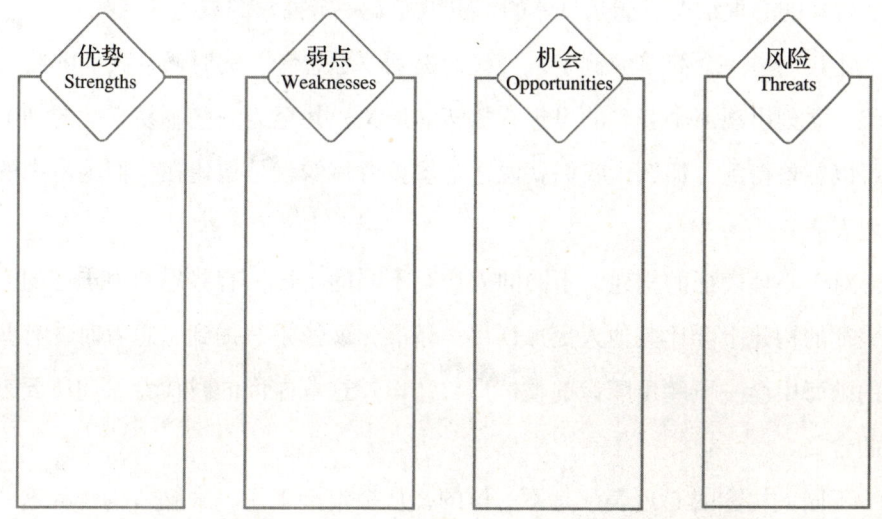

2.2 创建良好的心理表征

刻意练习理论的提出者安德斯·艾利克森与罗伯特·普尔，通过翔实的数据、严谨的实验和生动的事例，揭示了杰出的人和我们一样，大脑和身体都具有几乎同样的适应能力，只是那些杰出的人比我们更多地利用了这种能力而已。

"天才"是训练的产物，要成为大师其实是有路径可循的，那就是刻意练习。我们平时如能掌握刻意练习的原则，必将能跨越障碍，达到我们自己的目标。我们可以创造自己的潜力。刻意练习的主要目的是创建有效的心理表征。

2.2.1 何为心理表征

什么是心理表征？心理表征是我们的大脑在思考某一个物体或者某一个观点、信息或者其他的问题的时候的一种相对应的心理结构。

这样的心理结构可能是具体的，也可能是一个抽象的概念。

让我们举一个简单的例子，当我们提到"思想者"的时候，我们的脑海中就会立刻出现那个著名的思想者雕塑的形象，甚至连一些不易察觉的细节都可以想象得到，那么，我们就说这个思想者雕像就是构建在我们脑海中的心理表征。

对于心理表征的构建，不同的人会有不同的特征，有些思考力丰富的人在表征的构建上会比其他人更加详尽、精准，就像是一提到思想者时，有些人的脑海中会一下蹦出雕像的整体形象，以及这尊雕像的时代背景和所要表达的含义。

不同人构建的心理表征是不一样的，从根本上来说，大脑所构建的这些心理表征是信息预先存在的模式，例如事实、图像、关联性等。

仍旧拿思想者雕像为例，上述提到脑海中会浮现出思想者的形象基础的前提是已经对于思想者雕像拥有了一定的了解。如果让一个完全不知道思想者雕像的人来回答这个问题，他的心理表征肯定是截然不同的了。

心理表征的这些预设模式是保存在长时记忆中的，可以用来快速地应对某些类型的局面。

2.2.2 心理表征的作用

心理表征的构建对于我们的发展有着十分重大的作用。

第一，心理表征铸就杰出表现。心理表征的构建原本就是一个长期的过程，既要对问题有全面的了解，还要进行大量的练习才可以将心理表征构建得更加完善。

很多时候，杰出人物和平凡的人产生差距的主要因素就是，杰出人物经过了日复一日的长期训练，让深入思考成为了一种习惯，这些已经改变了他们大脑中的神经回路，使得他们能够构建出高度专业化的心理表征。而拥有高度专业化心理表征的人在思考问题的过程中会更加深入，而且思路会更加丰富，也会更容易成为一个"杰出"的人。

第二，心理表征有助于在思考中找出规律。因为创建了专业性的心理表征，我们在分析问题时思维会更加活跃。

杰出人物在他的行业领域，几乎会是在接触具体事项的一瞬间就作出准确的响应，无须进行有意识的思考，以致于杰出人物看起来好像有预测未来的能力。这也是为什么杰出的人更能作出无意识决策的原因，因为他们的思考力十分强大，构建的心理表征可以让他们很快将问题的脉络理顺。

第三，心理表征有助于自己的大脑解释信息。人类的大脑思考具有呈放射状的特点，构建心理表征可以有效地将大脑中的这些信息网状化，在思维的过程中更加有逻辑地进行分析。心理表征的一个重要好处在于，可以帮助

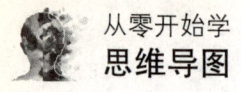

我们处理信息——理解和解读它,把它保存在记忆之中,组织它、分析它,并用它来决策。

杰出的人往往分析能力都是极强的,这样的分析力很大程度源于心理表征的构建,而构建心理表征又是通过刻意练习获得的能力。

第四,心理表征有助于大脑组织信息。精心创建的心理表征的一个主要优势是:你可以立即吸收和考虑更多的信息。当吸收了足够的信息之后,大脑对于问题的整体把控也会随之增强,思考问题的活跃程度也会随之增强。

第五,心理表征有助于制订计划。心理表征可以用来为很多行业和领域做计划,表征越好,计划就越高效。

第2章
刻意练习，"杰出"的人绝不是天生的

快速构建心理表征。

杂乱的数字　1,9,4,9,1,0,1,2,0,1,7,1,2,1,2,2,0,0,1,9,1,1

现在需要你快速记忆一长串杂乱无章的数字

你需要用多长时间才可以精准地记下这些数字的顺序呢？

那么现在尝试用构建心理表征的方式快速记忆这些数字吧！

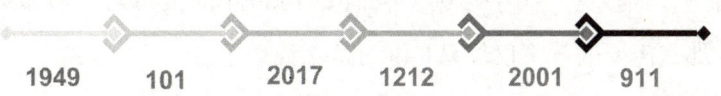

1949　　101　　2017　　1212　　2001　　911

这样将数字进行分割，是不是使思维更加清晰一些了呢？

你现在需要用多长时间才可以精准地记住这些数字呢？

再进一步地构建心理表征，将数字与自己熟悉的事物联系起来，这样记忆得会更快！

| 1949.10.1 | □ 新中国成立 |

| 2017.12.12 | □ 今天的日期 |

| 2001.9.11 | □ 值得铭记的一天 |

37

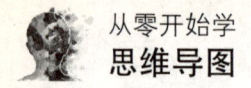

2.3 如何走向"杰出"的人生

既然说刻意练习可以使人"杰出",那么究竟怎样才能够构建良好的心理表征,如何通过刻意练习使自己成为一个善于思考的、杰出的人呢?

刻意练习不同于传统意义上的练习,因为传统意义上的练习就是重复做一件事情。但是,我们往往会发现,如果仅仅是不断地重复进行一件事情,我们最多只能在熟练程度上有所提升,而很难再有更大的突破。

就如同乐器的学习,研究表明成为普通的演奏者大概要经过1500个小时的练习,而成为"高手"则至少需要1800小时的练习,但如果想要成为专家,那么需要的就不仅仅只是练习这么简单了。

美国佛罗里达大学心理学家安德斯埃里克森首次提出了10000小时理论,其核心理念就是优秀人士的能力与水平是逐步训练出来的,而这个训练的时间就是10000个小时。

10000小时理论让很多普通人着迷,但低水平、无目的的重复根本不会取得预期的效果,就像你看到很多人都会开车,并且超过10000小时的很多,但并不是每个人都能成为赛车手一样。要想达到较高的水平,必须有不一样的方法。

刻意练习的方法主要包括以下5个步骤。

第一步,要有明确的训练目标。

目标要明确和清晰,一旦确定了一个目标,就要制订一个计划,以便实现一系列微小的改变,积累起来后目标也就实现了。一次确定的目标不要过大,在短时间内可以实现的目标会帮助你建立信心。

第二步,找一个监督你的"老师"。

不要高估自己的主动性,在进行刻意练习的过程当中,要能够找到一个属于自己的"目标定位"或者找到一个监督自己的老师,能在自己进行刻意练习的过程当中不断地激励并且督促自己,促进自己坚持完成自己的目标。

第三步,进行短时间的专注练习。

只有专注才会有效果。只有在专注的过程中,才能够清楚地知道自己当前的状态与理想的状态之间的差距,然后才能想方设法地缩小差距,使自己接近理想状态。慢慢地你会发现,越关注自己在训练中的状态,训练就越成功。在能力的极限上进行任何活动,都需要全神贯注和尽最大的努力。

更短的练习会有更好的注意力。这主要是因为高度的专注会很疲惫,因此时间不宜过长。对于刻意练习的人来说,专注和投入都至关重要,因此确定明确的目标,把练习的时间缩得更短,比如30分钟,是迅速提升技能水平的最佳方式。在较短的时间内投入100%的努力,比更长时间投入70%的努力效果更好。

第四步,不断获得反馈。

反馈,就是不断检验我们训练的效果以及发现训练中的问题的过程,只有这样,我们才能够知道处于什么阶段,该采取怎么样的行动。

第五步,让自己走出舒适区。

人成长的过程就是一个不断突破舒适区的过程,所以相信自己一定能够不断扩大舒适区,学会新的技能。

训练是没有任何乐趣可言的,因此,之前要做好枯燥的心理准备,然而一旦我们突破了自我,坚持刻意练习自己的思考力,那么将会得到的收获也是无穷无尽的。

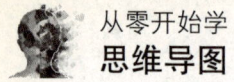

从零开始学
思维导图

自己确定一个目标，开始进行练习并且进行练习总结吧！

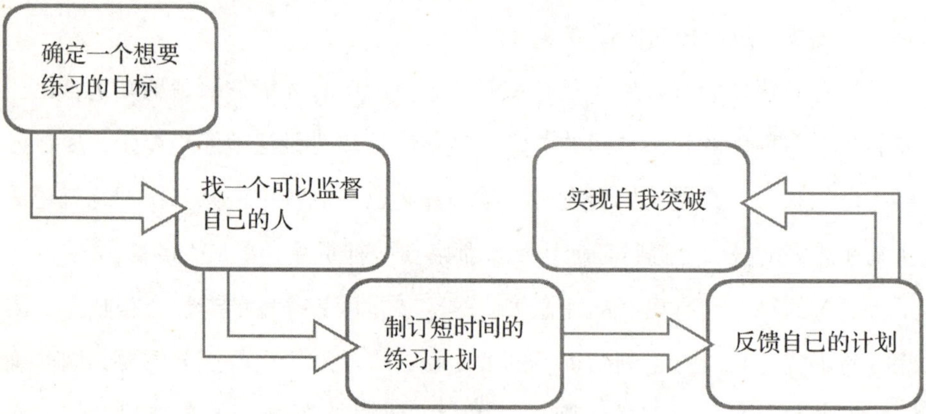

确定一个想要练习的目标 → 找一个可以监督自己的人 → 制订短时间的练习计划 → 反馈自己的计划 → 实现自我突破

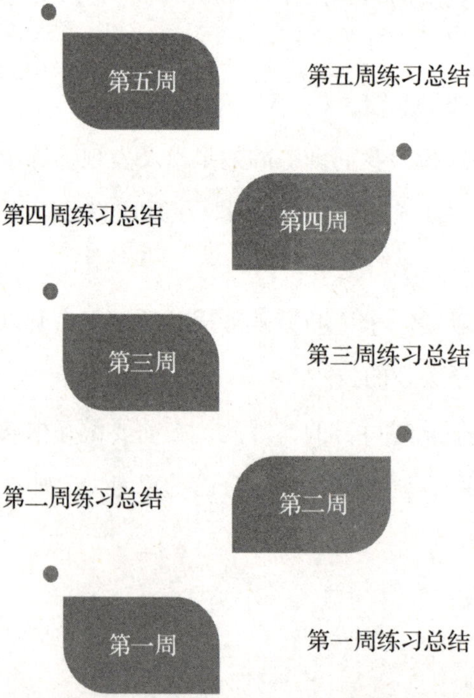

第五周　　　第五周练习总结

第四周练习总结　　　第四周

第三周　　　第三周练习总结

第二周练习总结　　　第二周

第一周　　　第一周练习总结

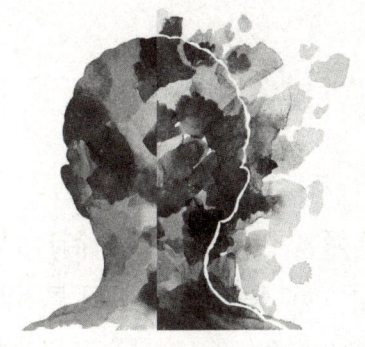

第 3 章
让人受益无穷的黄金思维法则

　　我们的大脑在进行思考时,并不是毫无条理性的,而是通过有逻辑性的垂直思考,结合发散思维的水平思考,使我们的大脑思维得到最好的发散,而这样的思维方式也恰恰是思维导图中所倡导的。学习思维导图,就要先从了解我们大脑的思维法则开始。

3.1 水平思考

水平思考这个科学概念，首先是由享誉全球的著名思维大师、心理学家爱德华·德博诺博士于1967年提出的。水平思考是一种新型的思考方法，也就是要加大我们大脑的思考力度，突破自身的思维限制。这种思考方式其目的就是推动人们进行创新性思考。水平思考不需要我们过多地考虑事物的确定性，而是需要考虑它多种选择的可能性。在我们进行水平思考时，我们关心的不是完善旧观点，而是如何提出新观点，也不是一味地追求正确性，而是追求丰富性。

水平思考法是指在思考问题时摆脱已有的知识结构以及旧有的经验约束，通过突破常规的方式，提出更加富有创造性的见解、观点和方案。运用水平思考进行问题分析，一般要基于人的发散性思维，所以一般也会把水平思考法称为发散性思维方式。

这种思考方式其实是一种促使创意产生的创造性思维方法，是指摆脱某种事物的固有模式，从多个角度、多个侧面去观察与考虑一件事情，用大脑的无限性发散来捕捉关键词之间的构想与联系，从而不断地产生灵感与创意。

也许现在你对水平思考法的概念还十分模糊，那么来看一个简单的例子。人们遇到问题的时候总是按照原有的思维模式去展开分析。例如，发现青霉素的细菌学家亚历山大·弗莱明，看到一个橘子的表面产生了霉菌，一般人会想"为什么这个橘子会长霉"，而他却想的是"为什么橘子周围的霉菌可以溶解葡萄球菌落"，也正是因为这种发散性思维方式，他才在医学上作出了重大的成就。

运用水平思考法，可以充分运用自然发生的构想，并且从多个方面进行观察，将与中心问题相关联的全部关键词都连接到一起，而在不断的思考中，我们就会发现大脑中产生的这些构想都是相辅相成的，在绘制思维导图时，将关键词列举出来往往会产生让人意想不到的创意。

就像研究所说，水平思考法的关键在于联想力。水平思考的特征就是在思考问题的过程中迅速简单地进行判断，而不是直接进行深入分析，这就十分契合思维导图所倡导的形式，在纸上任意记下此时此刻脑海中所想的关键词。

当我们运用水平思考法对中心问题进行思考时，有一些事项需要注意。

首先，在绘制思维导图的过程中，运用水平思考法对思维的发散与拓展都是十分有效的，所以在思考时，一定要敢于主动打破占据主导地位的传统思想观念，在思考时可以适当地模仿他人的思维路径，但一定不要被原有的思维方式所禁锢。在原有的思维套路中，我们要做的是摆脱常用的表现方式，寻求一种新的表现手法，将自己的思维无限地拓展。

其次，运用水平思考法的过程中，我们一定要避免单一性思维，要从多个方位对问题进行思考，将不同的关键词作为新的中心词汇，继续进行发散，这样我们可以不断地深入对问题的思考，有利于我们提出对中心问题各种不同的新见解。

最后，在运用水平思考法进行思考时，我们一定要善于抓住脑海中一闪而过的构思，就像在学习思维导图过程中反复强调的那样，人的注意力是有限的，而且人的思维也是转瞬即逝的，在不同的时刻不同的场景下，我们大脑的想法也是不相同的。所以，我们要将从脑海中所有闪过的想法都记录下来，这样才能够更加深入地发掘我们的内在潜能，才有助于创造新的理念。

运用水平思考法，最出色的思维方式就是著名的六项思考帽法则。

3.1.1 六项思考帽

何为六项思考帽？每一种基本的思考行为模式，都可以使用一种颜色的帽子来作为其象征。所谓的六项思考帽指的是白、红、黑、黄、绿、蓝这六种颜色的帽子。其中，白色的帽子代表在分析一个问题时，收集到的客观信息与知识；红色帽子代表的是在思维过程中较为感性的直觉与第六感；黑色帽子代表的是思维中具有逻辑性理由的谨慎以及带有否定性的批判性思考；黄色帽子代表的是有逻辑理由的肯定与带有欣赏性的超前性思考；绿色帽子代表的是思维过程中最具有创造性的努力以及创造性思维；而蓝色帽子则是代表控制思考过程的本身。

通过这种归类方式，我们就可以更加方便地根据需要，从一种思维方式快速地切换到另一种思考方式。六项思考帽实际上就是提供了一个具体的框架，使我们能够从传统的辩证和对立式的思考中学会转换不同的角度，实现更加创新的思维。

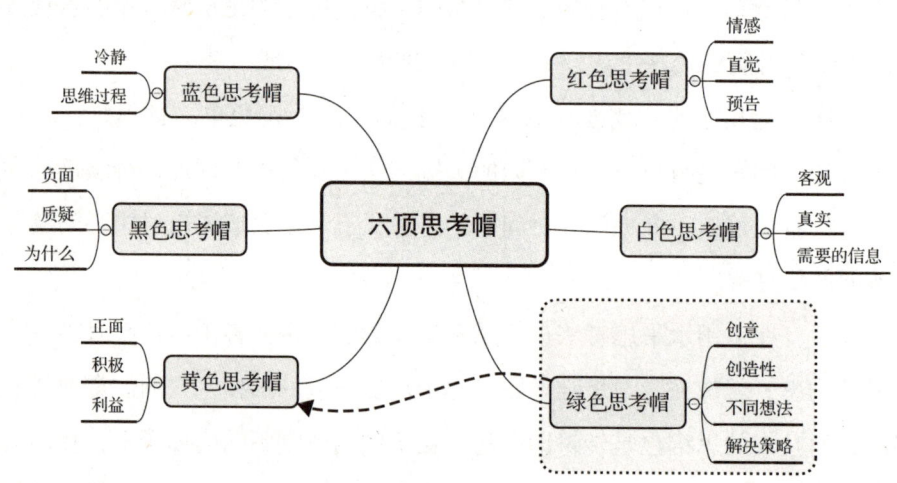

3.1.2　创造性的挑战

创造性挑战是水平思考最为基本的方法之一。创造性挑战其实并不是一种攻击或者批评，也不是要找出其中某一事物的不足，创造性挑战就是一种对于唯一性的挑战。我们在思考的过程中，要经常地问自己："这是唯一的思路吗？这是唯一的办法吗？"

要知道，创造性挑战是在假设某件事情之所以用某个方式来解决，是出于一些存在于过去、但不一定适用于现在的理由。因为无论是什么事情，解决的路径都不是唯一的，在原有的基础上，可能存在更好的做事方法与解决思路。所谓创造性挑战既可以直接用于对事物本身的思考，同时也可以用于对传统思考方式的思考，还可以对任何时刻正在进行的思考过程本身进行思考与挑战。例如，在思考的过程中，可以提出："我们为什么要用这个角度看待问题？是否有更加新颖、独特的角度来对这个问题进行进一步分析？"

我们可以对构成问题的各种因素提出问题，比如从主导性概念、假设、边界、基本因素、需要避免的因素、分支选择等方面进行提问与思考，直接地对这些问题进行考察，并且可以主动判断这些关键词是否真的是必要的。

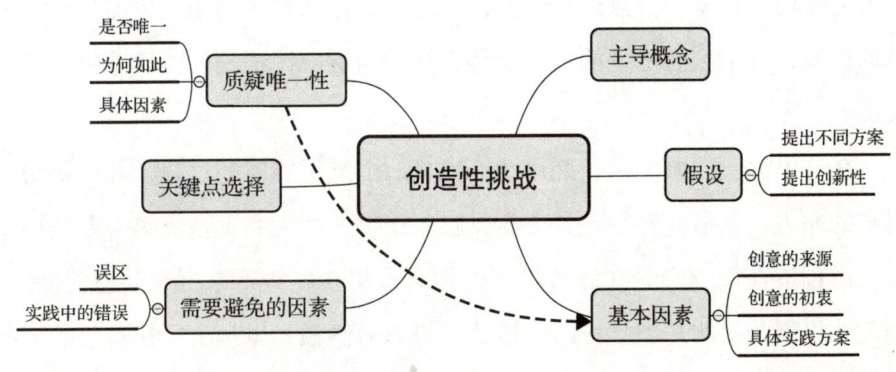

3.1.3 创造性停顿

在运用水平思考法对问题进行思考时，我们要学会创造性停顿。人类的大脑思维是无限的，同一时刻在大脑中闪过的关键词有无数个，当我们在思考某一个问题时，保持思维的连贯性当然必不可少，但是有时候还是要适当地停下来进行思考。

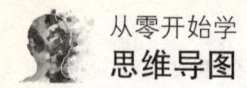

创造性停顿是一个非常简短的停顿点，目的是让思考者在脑海中考虑，对于这个问题是否还有其他的方式或者选择进行解决。创造性的停顿是水平思考法的思维创新方法之一，也是所有的方法当中最容易做到的一种，而且也是十分有效的。

也许你现在对创造性停顿概念仍旧十分模糊，简单来说就是，当你在思考时，由于自身思维的局限性或者知识储备的不足，你没有注意到自己正在思考某一个问题，或者说遇到了思维盲点，创造性停顿就是为了让你刻意注意到这一点而中断原本流畅平稳的思考。当你在思考一个关键点时，有时会感觉遗漏了某些内容，会感觉"这里应该还有其他的关键点"，那么，你就要在此处停顿下来，考虑一下这里究竟遗忘了什么内容，为什么要在这里停下来，为什么不在其他的位置停下来。

听起来似乎十分简单，但其实不然。创造性停顿需要经过大量的练习才可能做到。在哪个节点进行停顿，在这个点停顿是否会激发更加具有创造力的思维，这个刻意停顿的点是否是思维的断层等等都是创造性停顿成功的关键。

在这里需要强调的是，创造性停顿是一个刻意练习的过程，并不是与生俱来的能力。创造性停顿不是突发灵感的结果，因为突发性灵感需要坚持到底，而创造性停顿则是在思考过程中你自身想要停顿下来刻意制造的断层。创造性停顿的目的是为了作出创造性的努力而停顿，也是为了让自己的大脑思维更具有创造性。

3.2 垂直思考

垂直思考法是一种与水平思考法相对应的思考方式，是由英国的心理学家爱德华·爱博诺教授所提出并倡导的一种思考法，又被称为逻辑思考法、收敛性思考法。

垂直思考就是思考问题答案的方式，从中心问题本身出发，按照习惯用的规律、逻辑、路线探索问题的答案，是一种十分具有逻辑性和规律性的思维方式。对于一个问题，我们进行十分深入的思考，每一个步骤都要考虑得十分详尽，按照一条思路思考到底，一旦获得最佳答案就会结束对问题的思考。

为什么称垂直思考为收敛性思考？在运用垂直思考方式时，无论思考了哪几条思路，不论每条思路有多复杂深入，这些思路都是对着中心问题也就是答案进行集中收敛的。由于答案与问题之间一对一的关系，中心问题若是停留在平面的一个点上，那么答案就是平面中相对固定的一个点，各个思路之间不断连接，形成垂直设想答案。

3.2.1 垂直思考的特征

垂直思考法同样具有十分明显的特性，因为其本质就是逻辑性思维，所以与水平思考的发散性思维不同，垂直思考法具有高度的概然性。

其实垂直思考本质上就是充分运用了逻辑性思考，分层次地将事情的因果关系进行探究与分析。

另外，垂直思考方式讲求的就是按部就班以及循序渐进，因此这就要求在进行思考前，要对所要分析的问题有着充分且全面的理解，要求在每一步以及每一个节点的前进都必须是唯一且绝对的，并且要求在思考过程中每一个节点都要进行严格的定义以及推论正确无误才可以进行下一步思考。同时，运用垂直思考法对问题进行分析是顺乎人的自然本能的，因为垂直思考法重视高度的可能性，而人在面对问题进行思考分析时，往往就会被可能性最高的那个节点所吸引，并且向着那个方向不断地思考下去。

运用垂直思考法进行思考，可以借由垂直思考所获得的系统性、正确性以及普遍性，对自己的大脑思路进行更加系统化的梳理，可以更加加深自己对某一问题的思考并且使自己更加了解自己的思维深度。

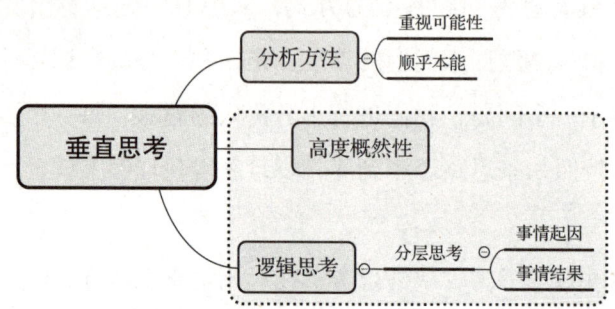

垂直思考还具有很强的实用价值,因为如果通过垂直思考彻底了解并且掌握了大脑逻辑里的原理和原则之后,可以使自己在思维推理的过程中避免犯错,并且能够在自己思维与传统思维发生分歧时,及时更正自己的思维方式,辨别在推理分析中是否犯错。

我们的日常生活中,如果缺少垂直思考这种高度概然性的思考方式,分析将会漏洞百出,运用垂直思考方式让我们在思考中的每一个节点都是经过深思熟虑的,经过深入分析、仔细思量的,让我们的思维按照很强的逻辑顺序按部就班地进行思考。

3.2.2 垂直思考的不足

虽然垂直思考可以使我们的大脑思考更加具有逻辑性与理论性,但其在形式上仍旧有一些缺陷。

要知道,运用垂直思考方式进行思考时,大前提一定是要保证结论的有效性,也就是说在我们思考前就应该已经考虑到了结果是否有效,因为我们的大脑每时每刻的思维都是不固定的。某些情况下,虽然我们中间作出的推论是合理的,但是前提本身就有误区,势必会导致结论也出现错误。这样的垂直思考方式是存在弊端的,一些诡辩家会运用这种思维方式提出一些完全不合情理却又貌似十分有道理的说法,例如十分著名的"白马非马"理论。

在用垂直思考方式进行思考时，十分容易将自己画地自限在一定的逻辑思考范围之内，对问题还没有进行很深入的了解之前，就给自己的思维预设一些限制，例如以严密的定义、明确的范围为前提，以此限制联想出答案的范围。很多时候这种界限其实是并不存在的，我们的大脑潜力无限，可以发散出的范围也不应该受到约束。如果我们的大脑始终以垂直思考的方式进行思考，会很大程度地妨碍新概念、新思维的产生。

逻辑思考的本质要求对脑中的思绪做严密的控制，对每一件事都加以逻辑分析和综合。如此一来，头脑会永远强制性地希求事事物物都简单、明白、有条不紊。

同时，垂直思考法使我们的大脑形成惰性以及惯性思考的习惯，惰性思考就是不愿意舍弃原有的思维方式以及理论，惯性思考则是渴望将一些旧有的理论按照传统的思考方式继续下去，并不会想要进一步的发展或者从其他的角度看待问题。

恪守现存的思维逻辑理念，不但常使我们在认识不清的时候便排斥一个新概念，甚至还可能使我们完全忽略一个极为有用的概念，只因为这个概念不合乎我们当时采用的逻辑关系。

这也就是垂直思考模式的最大不足。

3.2.3　水平思考与垂直思考

水平思考法与垂直思考法，都是英国心理学家爱德华·德·博诺提出的思维方式，在我们的大脑思考过程中，不能只使用一种思维方式，而是应当对两种思维方式进行一个有效的结合。

垂直思维是具有选择性的，在对一个中心问题进行思考时，运用这种思维方式就确定了需要思考的方向以及关键点，并且会按照这条思路一直深入下去。水平思维是连续不断的，就如同人类大脑思维的无限性与发散性，对于节点不作特别深入的研究，而是将想到的关键点全部都记录下来，没有着

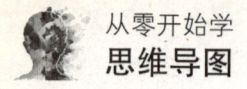

重指出某一条分析思路。

垂直思考与水平思考其实都具有移动性，只不过垂直思考的思维移动是在一条思路得到解决之后移动到下一条思路，而水平思考的思维移动则是为了产生一个新的方向而进行的，往往对于一个思路的分析不需要十分彻底。

在思维分析的方式中，垂直思维是按部就班的，且具有分析性的，这就要求运用垂直思考法进行思考时必须要确保每一步都是正确的。在水平思考过程中，这一点则恰恰是不需要的。水平思考是体现思维的活跃性，使得思维可以跳来跳去。水平思考具有激发性，可以使人的灵感得到迸发，不必让自己循规蹈矩。

创新性思维中，水平思考的方式完全可以接纳新鲜事物以及思维方式的出现，但垂直思维则要求集中排除一切不相关的信息。当然，这并不是说垂直思考没有一点作用，在我们的学习工作生活中，这种垂直思考方式会让我们的大脑变得更加具有逻辑性，也会让我们的思路变得更加有条理，更加理性。

结合水平思考以及垂直思考的特点，让自己的思维在开放、发散的同时又可以有效地收敛与具有逻辑性，只有将两者结合起来，才可能使得我们在明确分析目标的同时又做到思维的发散与创新。

3.3 曼陀罗思考法

曼陀罗思考法的本质就是结合横向思维和逻辑思维，通过有限的拓展，将中心问题进行发散。

要知道，在思考中，将水平思维和垂直思维进行有效的结合，才能更加高效地解决中心问题。其中，水平思维就是横向思维，是具有跳跃性的，在前文对水平思考的介绍中已经有了明确的解释，这里就不再赘述，垂直思维则是具有逻辑性的，依靠的是知识和经验的积累，具有一定的限制性。

曼陀罗思考法则正是结合了这两者，借助反复实践以及思维习惯养成，通过有限维度的扩展，同时发展这两种思维能力。用一个简单的公式可以更加清晰地表现这几者之间的关系：

（水平思考＋垂直思考）× 多层次九宫格 ＝ 曼陀罗思考

那么多层次九宫格又是什么呢？所谓多层次九宫格，其实就是在九个空格里填入相关的内容，其中中间的格子填入的就是需要讨论的目标问题，围绕这个问题，我们需要有意识地找出多种原因，对于每个原因我们甚至可以得到更多个子原因，这就需要更多维度的格子。

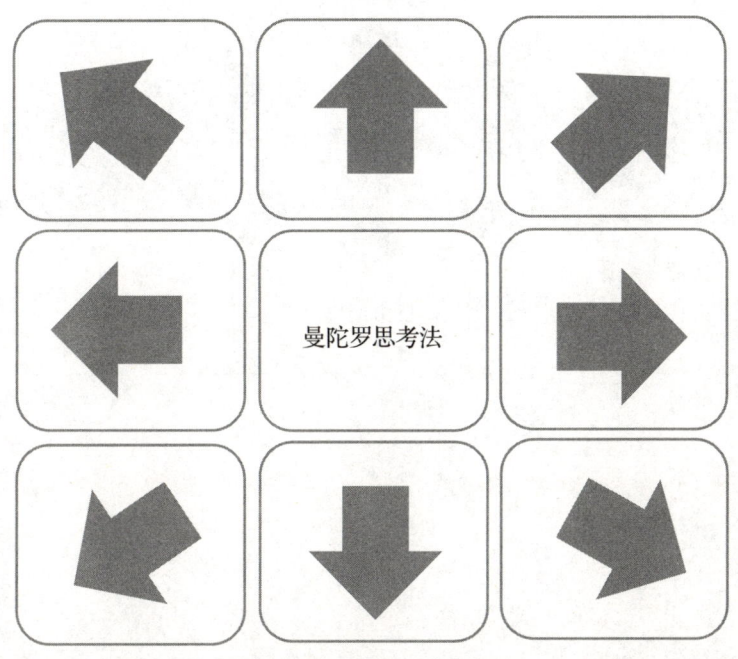

通过这种九宫格的表现手法，曼陀罗思考法又延伸出多种表现形式。

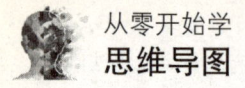

3.3.1 放射式

放射式曼陀罗图是一种没有设限的模式,非常适合用来收集灵感进行创意思考,这种方式可以很大程度地发散绘图者的思维。只要使用者在九宫格的中间填上想要发挥的主题,便会自然地想要把其他的八个空格填满,而这个填满的过程也正是创意发挥的过程,这就是利用了人脑的思维特性。

当运用曼陀罗思考法进行思考时,有时会发现九宫格似乎根本就装不下无限的思维,那么也可以把九宫格当中周围八个格子的想法继续向外扩散,形成一个不断发散的格子,变成中心九宫格外围的八个九宫格当中的中心主题,然后再次运用向四面八方扩展的方式把空格再填满。

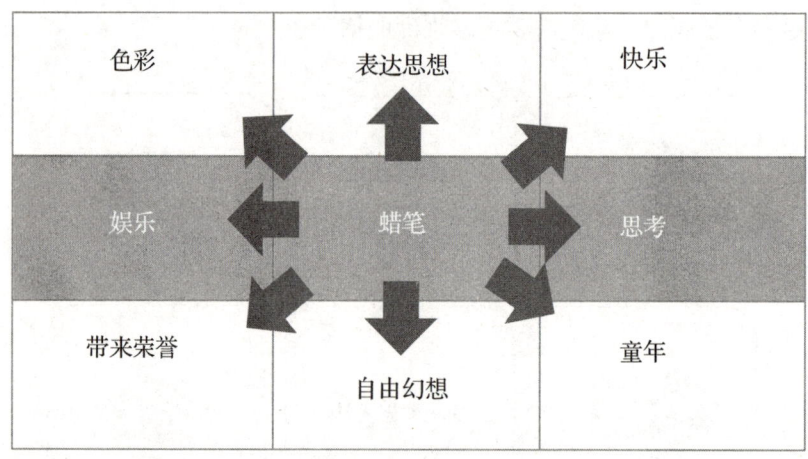

第3章
让人受益无穷的黄金思维法则

在下方空白处按照自己的想法绘制一个放射式九宫格。

3.3.2 围绕式

围绕式的曼陀罗方法从形式上看,很像思维导图中的流程图类型,这种方式更加适合在有想法或者灵感时,在放射式思维之后运用这种方式进行梳理,并且可以作为步骤规划以及执行细节的流程使用。这种围绕式的方式是一种顺时针的思考顺序,在中心格子中写上主题之后,就可以开始以逆时针的方式安排行程。

放射式曼陀罗与围绕式曼陀罗图通常是搭配着使用的,因为两者可以讨论一个共同的中心问题,放射式的中心同时可以作为围绕式的中心,通过这样的方式继续加以发散。

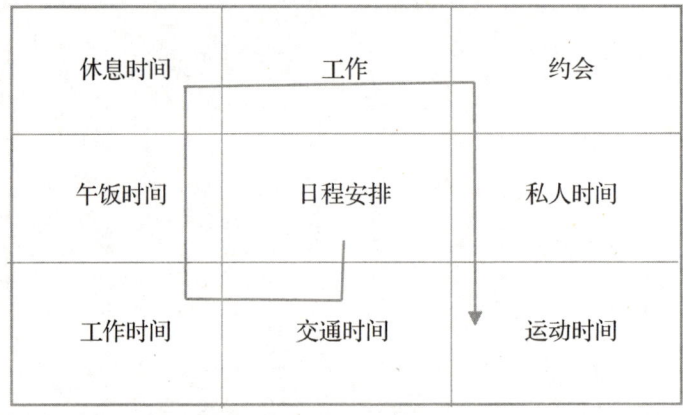

从上面提到的放射式和围绕式来看,曼陀罗思考法的呈现形式和思维导图的某些形式有些相似。曼陀罗思考法将水平思考法和垂直思考法相结合,使二者相辅相成。

3.4 分类思考

分类是一种极为普遍、重要和关键的思维方法，是人们认识和理解事物的主要方法之一，是人们知识体系、思想体系和精神心理世界的基础和构建方法，是世界观、人生观和价值观的一种具体体现形式。在思维过程中，分类思考就是依据不同的特征和性质将无规律的，散乱的事物分门别类地进行思考，从而发现其内在的某种规律的过程和方法。

严格地说，分类思考可分为两个步骤，首先要建立类别，并确定相应的分类标准或分类所依据的特征和性质；其次是对某一具体事物进行分析，判断其是否符合分类标准、属于某一类别。简单地说，分类思考就是在不同事物之间划出可操作的界限，从而在自己的大脑中建立起秩序和对于关键点的排序。

分类是人们建立、描述、表达、认识和理解秩序的手段和方法，而分类的方式本身就多种多样，有繁有简，自成体系。最简单明了的分类方法是二分法，即把事物一分为二，只有两个类别，例如阴和阳、生与死等等。

我们的大脑思维进行思考是有一个发展过程的，最开始都是由容易的内容开始认识、理解再到掌握，这时用到的分类方式就是二分法。二分法十分符合大脑从简单到复杂的认知规律，随着认识的深入，我们的知识不断地得到发展，简单的二分法慢慢地不能够满足我们的大脑求知欲望以及人类的认识与描述表达的需求了。

随着生活的展开，生命的成长，人类文明积淀下来的知识和秩序逐渐为个体所了解、认识、理解和掌握，同时个体的人生经历也不断地增加新鲜内容，这些都促进了个体意识、思想、感情和心理的发育成熟，慢慢地形成了自己稳定的知识体系和观念体系，建立并拓展了自己独特的精神、心理和情

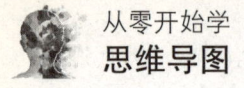

感世界。

许多分类信息,例如其选用的词汇、概念、语气、修辞、句式,所作出的选择和决定等等,都反映出你的大脑当时的思想、感情、意识和心理状态以及发展方向和趋势,这些对于认识和理解一个人大有裨益,同时对于认识和理解自我也极为有益。

分类思考可以从被分类信息的本源进行分类,也可以从被分类信息的主从关系进行分类。进行分类思考是每个人的大脑每时每刻都可以进行的思维与交流的方法和工具,现有的分类体系固然为每个人的思维与交流提供了参照标准和共享支持,同时,它们也限制和禁锢了完全依赖于它们的人的思维和创新,因为离开了分类思考,他们的思维就会因缺乏参照系而陷入迷茫与混乱。

尽管分类思考往往十分有效,并且可以应用在很多方面,但只有勇于并且善于打破这种限制和禁锢的人才可能不断地创新,建立自己的新的分类标准和体系,并整合到已有的分类体系中,从而发展和完善分类体系,并把人类的思维推向前人未达之境。

每个人的大脑潜力都是无穷无尽的,只在于敢不敢和能不能发掘出自己这方面的潜能,并熟练应用。独特的思维是自我的本质特征之一,而思维,特别是独特的思维在很大程度上,都是依赖于自己的分类体系的扩展和创新能力的。

第3章
让人受益无穷的黄金思维法则

按照分类思考法的方式,将生活中的事物进行二分或者更多层次的细分。

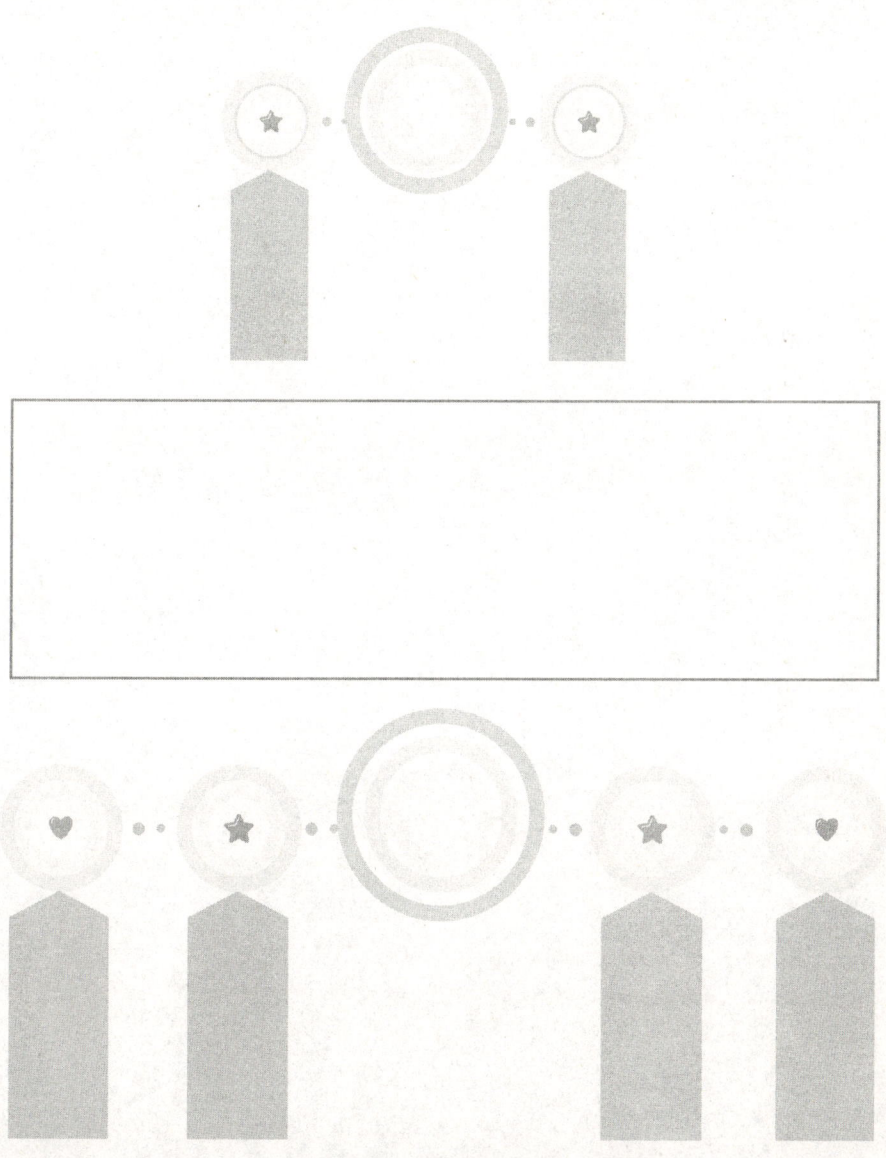

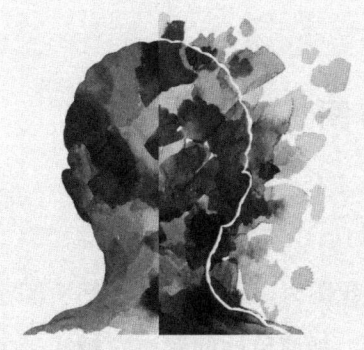

第4章
练习思考力的神器,增强记忆力的好帮手

　　思维导图是一种表述发散性思维的图形化工具,它采用图文并茂的方式,把各个级别的主题表现在相互隶属或相互关联的层次图上,在主题关键词、图像和颜色之间建立起有效的连接。思维导图最重要的特征是同时运用了左右脑的机能:既强调记忆、阅读和思维的规律,也强调艺术、逻辑和想象,是科学和艺术之间的平衡。

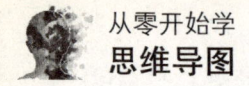

4.1 何为思维导图

什么是思维导图?

当开始学习思维导图时,很多人可能都会问这样的问题,说实话,这个问题很难定义。因为越简单的问题,它越接近本质,越接近本质就越难回答。

笔者对思维导图的定义很简单:思维导图是一种通过梳理思路让人思路变得清晰的思考工具。

科学研究已经充分证明:人类的思维特征是呈放射性的,进入大脑的每一条信息、每一种感觉、记忆或思想,甚至包括每一个词汇、数字、代码、食物、香味、线条、色彩、图像、节拍、音符和纹路,都可作为一个思维分支表现出来,而这些在大脑中呈现出来的就是放射性立体结构。

思维导图是表达放射性思维的有效的图形思维工具。思维导图运用图文并重的技巧,把各级主题的关系用相互隶属与相关的层级图表现出来,在主题关键词与图像、颜色等之间建立记忆链接。思维导图充分利用左右脑的机能,利用记忆、阅读、思维的规律,协助人们在科学与艺术、逻辑与想象之间平衡发展,从而开启人类大脑的无限潜能。

根据思维的发散性与放射性特点,英国的教育学家东尼·博赞提出了思维导图这一概念,对于人脑的思维过程进行了模拟。东尼·博赞在大学时代,在信息吸收、整理及记忆等方面遇到了困难,前往图书馆寻求协助,却惊讶地发现并没有教导如何正确有效使用大脑的书籍资料,于是他开始思索和寻找新的思想或方法来解决自己的问题。

他开始研究心理学、神经生理学等科学,渐渐地发现人类头脑的每一个脑细胞及大脑的各种技巧如果能被和谐而巧妙地运用,将会发挥出更大的潜能。在此之后，东尼·博赞也开始训练一群被称为"学习障碍者""阅读能力丧失"的人，这些被称为失败者或曾被放弃的学生，很快变成了好学生，其中还有一部分成为同龄人中的佼佼者。1971年东尼·博赞开始将他的研究成果集结成书，慢慢地形成了思维导图法的概念。

思维导图是大脑放射性思维的外部表现。思维导图依据大脑思维放射性特点，将大脑中原本放射性的、杂乱的思维进行分类总结，加以联系的工具，在绘制的过程中利用色彩、图画、代码和多维度等图文并茂的形式来增强记忆效果，使人们关注的焦点清晰地集中在中央图形上。

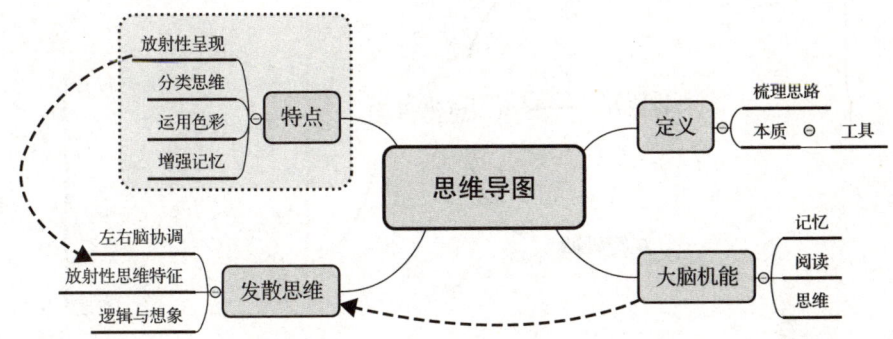

从这个定义中你会发现，首先，思维导图是一种思考工具；其次，这个工具用来帮助我们梳理思路；最后，这个工具能够让我们获得清晰的头脑。

思维导图就是为大脑中零散的关键点之间建立起联系的桥梁，在使用的过程中，比理论知识更重要的是顺其自然，能够灵活地将其应用在多个方面。

有些人认为思维导图只能应用在一些专业的领域，或者只能够应用在学习或工作中，但其实思维导图可以应用在生活的各个角落，因为只有广泛地进行应用，你对思维导图的理解才会越来越彻底，应用起来也会越来越顺手。

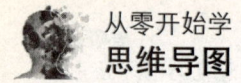
从零开始学
思维导图

根据上文的内容,将下面所给出的思维导图模板进行填充。

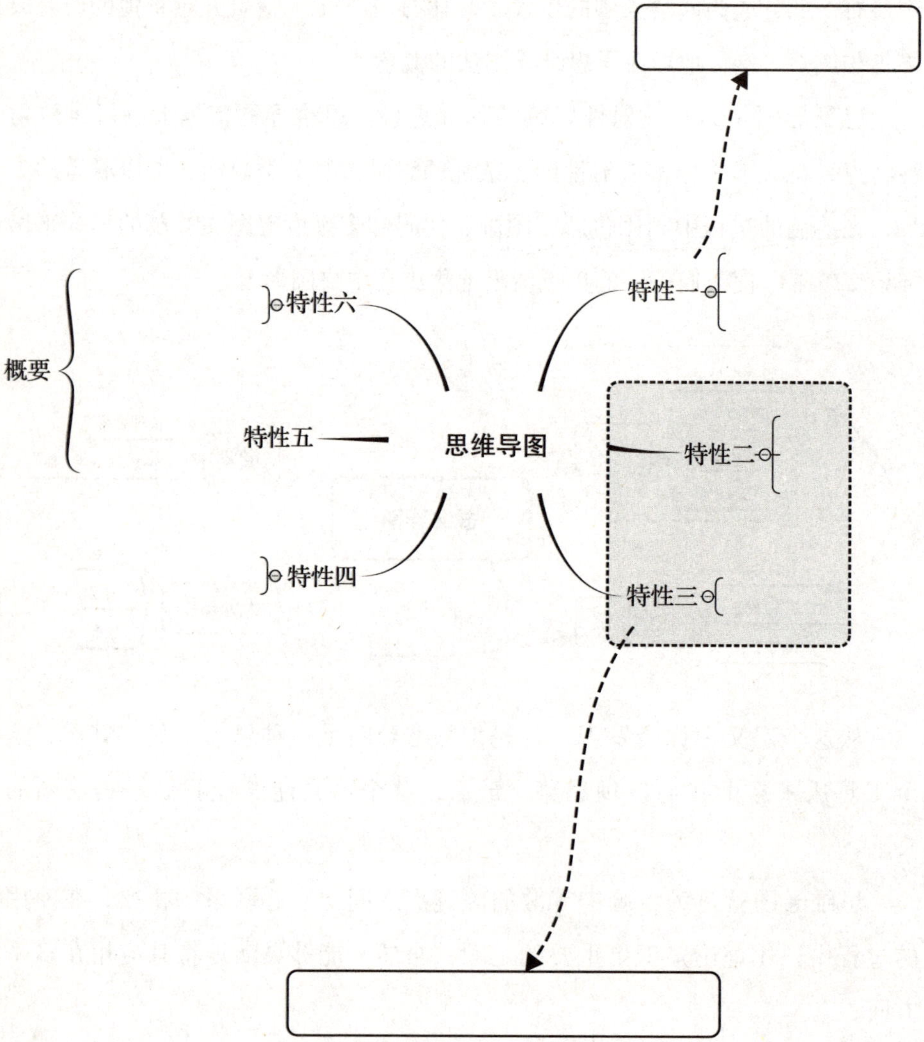

4.2 学习思维导图的益处

思维导图这样以放射性思考模式为基础的、收放自如的思维方式，除了提供一个正确而快速的学习方法与工具外，也可以应用在创意的联想与收敛、项目企划、问题解决与分析、会议管理等方面，往往会产生令人惊喜的效果。

思维导图是一种展现个人智力潜能的方法，可以提升思考技巧，大幅增进记忆力、组织力与创造力。它与传统笔记法和学习法有量子跳跃式的差异，主要是因为它契合脑神经的学习互动模式，并且利用了人生而具有的放射性思考能力和多感官学习特性。

思维导图也有一些需要知道的特性，了解这些可以更加明确我们的学习方向，同时也可以更加深入地了解思维导图的内涵。

思维导图的学习能使自己的大脑充分活跃，简单来说，思维导图就是一个发挥创造力的思维工具。要知道，每个人的时间都是平等的，在同样的24小时之内，人和人的收获却大不相同，有些人轻轻松松如鱼得水，而有些人十分努力却碌碌无为，这就是不得法的表现，就是前文中一直提到的"眼高手低"。

为什么有的人看似不费吹灰之力就能轻易获得成功，有的人却始终无法有好成绩呢？产生这样差别的关键就在于"方法"。思考的方法如果得当，对人的学习、工作都会有十分显著的益处，而思维导图恰恰就是提供了这样一种工具，可以使人在思考的过程中培养自己的逻辑性。

掌握正确有效的学习方式，吸收信息可以变得更加便捷。思维导图这样的学习方式不仅使人可以获得更加高效的学习效率，更能培养绘图者的创造力。不仅如此，思维导图的应用十分广泛，可以运用于整理人际关系、梳

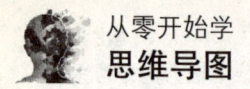

理事情主线、实现快速阅读、进行创意提案、制作会议记录等方面。

学习了思维导图的绘制方法，其实就是为自己的大脑找到了一条思考的道路，可以使人更加快速地抓到重点，为学习、工作都节省了不少时间。

那么，绘制思维导图究竟有哪些好处呢？

4.2.1　开发大脑思维的发散性

人类的大脑思考力原本就是一个从无到有的过程。我们需要做的往往就是让自己的大脑从没有思路到有思路，通过一些思维工具的运用，对自身的思路进行完善。人类的大脑思维是无穷无尽的，在思考的过程中可以称得上是一切皆有可能。将自己的思维进行发散，其实质就是思维的从无到有的"最小化"。善于思考的人往往容易通过导图的方式对自己所分析的中心问题进行思考，为自己的大脑提供新的思路。

在绘制思维导图前，我们也要对自己所要分析的问题进行深入的思考，至少需要大致了解需要记录的关键词，然后进行深入思考，从不同的角度看待问题，发现我们思维之中的不足之处。

我们自己的大脑在进行思考的时候，一闪而过的灵感往往有成千上万个，但并不是每一个关键点都是有效的，也许有一些问题是根本不必要思考的或者完全无法实现的。但是，在我们开始思考的时候，由于我们对问题的理解程度有限，可能无法分辨其中的关键点是否有效，所以在最开始学习思维导图的时候，我们要做的就是将一闪而过的想法全都记录下来，罗列出来。

也许你现在会说，记录这些一闪而过的想法用横格本或者是方格本都可以做到，为什么一定要借助思维导图来实现呢？

那是因为，横格本或者是方格本能够起到的作用只是写下你当时的想法而已，是一种记录性质的工具。而当你需要对自己记录下来的问题进行修改的时候，会遇到很多麻烦，最重要的一点就是，无论是方格本还是横格本，都为记录者提供了一个边框,这样的形式会在无意识间限制你的大脑思维,使得你思考的过程中也会被这些条框所限制。

不仅如此,当你习惯于在横格本上按照提供的线条进行记录,一旦记录的内容过长,你的思维就会被打断,这样就干扰了你的大脑思维连贯性。如果你记录的问题不在同一页或者内容比较分散的话,要在密密麻麻的文字中一眼找到关键内容就十分困难,那么再进行联想就更加难以做到了。

4.2.2 促进大脑进行联想

大脑思维是无穷无尽的,当我们思考问题时应该学会的是联想思考。什么是联想呢?就是当我们看到一个事物或者话题的时候,我们的脑海中会浮现出与之相关的内容。把不同对象放在一起比较的能力是天才突出体现的一种特殊思想风格。

达·芬奇在铃声与石头入水时发出的声音之间建立了联系,使他得出了声音以波的形式传播的结论。

德国化学家弗里德里希·凯库勒梦到一条蛇咬住自己的尾巴,从而凭直觉理解了苯分子的环状结构。

塞缪尔·莫尔斯在研究出强大到足以越过大洲、大洋的电报信号上一筹莫展时,由更换马匹的驿站联想到了电报信号的中继站,从而想出了每隔一段距离就把电报信号放大的解决办法。

以上这些事例都体现了联想的重要性,同时也是想象力的重要性,思维导图极大程度地体现了大脑的放射性思维方式,其形式上也利于找到不同的关键词之间的联系。

那为什么又说联想能力十分重要呢?这是因为只有大脑进行联想,才能够关联出更多的思路以及问题的分析和方案。

人类的大脑在思考问题的时候,本来就会不由自主地将看到的问题进行关联性联想,将其和中心有关的事物进行联系。例如,当我们提到"思

想"时，我们的脑海中会想到著名的"思想者"雕像，而通过雕像再联想到著名的雕塑大师米开朗基罗。这样的一种思维过程就是联想。联想看似十分简单，但其本质还是需要思考者对中心问题有着较为深入的了解，知识面要宽。

和思维发散一样，联想也是一个动态的过程，在思考不同的问题时，不同的关键点，你联想到的内容也是不一样的。仍旧是以"思想"为例，可能在某个时刻你的脑海中会闪现出不同于"思想者"的词语，思维导图恰恰就利用了这种联想，可以将脑中想到的东西随时插入进去，并且可以无限地延伸下去。

4.2.3 培养思维条理性与具体性

文艺复兴时期，人类的创造性得到了迅速发展，这种发展与大量知识通过图画和图表进行记录和传播密切相关。

伽利略用图表形象地体现自己的思想，从而在科学研究上取得了革命性的突破。爱因斯坦的思想非常直观，他运用直观和空间的方式思考，而非沿着纯数字或文字的推理方式思考。当爱因斯坦遇到一个难题时，他总是使用尽可能多的方法来展示问题，包括使用多种图表。爱因斯坦坚信在他的思考过程中，一万句话或数字所起的作用远不如一张图表给他的启发。

在思维导图的绘制过程当中，我们要将自己大脑中的思维具体化，最好的方式就是拿起笔进行绘制和记录。思维导图中对于图像的运用可以充分调动我们的右脑，使大脑对关键点的记忆更加深刻，同时让自己的大脑思维变得更加具有条理性。

让大脑更有条理性其实就是让你的思路时刻保持清晰，横格本或者方格本此类线性笔记就完全做不到，因为线性笔记做出来的笔记形式上是静态的。大脑的思维是时时刻刻都在变化的动态形式，如果是用线性笔记进行记录，当你想要对笔记内容进行拓展，或者对想法进行拓展的时候，思维就会发生混乱。并且，由于线性笔记的记录方式存在局限性，当你在复习自己的笔记时，不易产生联想，这就不利于思维的进一步发散、举一反三。

4.2.4 激发个人兴趣

更多时候，我们的大脑思考是功能性的，也就是针对某一中心进行的。思维导图作为一种参与性强的思维工具，可以很大程度地激发我们对问题的兴趣。例如，一篇密密麻麻的字和文图结合的图示，哪一个更能引起我们的兴趣？答案肯定是后者，那是因为我们的大脑对于色彩和图像的记忆点更高。

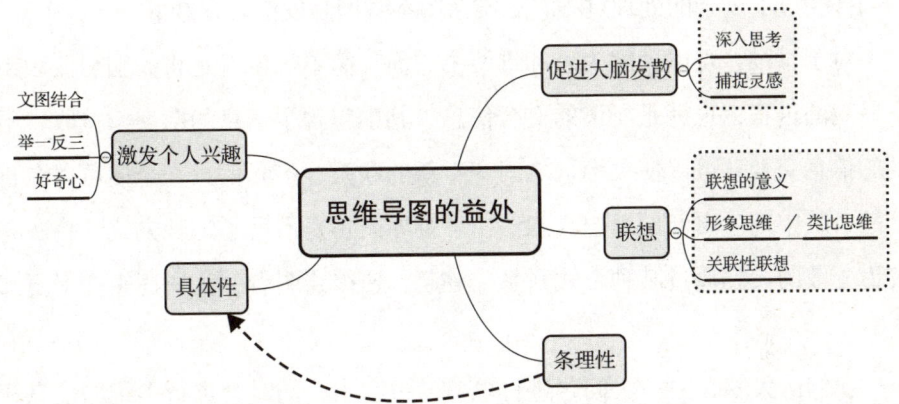

就像是我们平时在看新闻一样，我们第一眼一定是看新闻的大标题，第二眼看的一定是新闻的配图，这是因为这两点更加吸引我们的眼球。同理，绘制思维导图的目的就是帮助我们加快思考和强化记忆，所以用具有视觉效果并且结构清晰、一目了然的方式，让我们容易对导图所分析的主题产生更加全面的认识，同时可以看出哪个尚有缺陷。

在我们记忆或者回忆思维导图内容的过程中，可以非常清晰地知道要按照怎样的顺序进行逻辑分析。记忆等于是进行了二次思考，这样，在记清楚之后也能够将其运用到实际当中，并且根据当时的思维情况添加进新的内容和想法，让自己的思维导图获得不断的扩充以及完善。

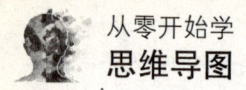

4.3 思维导图的外化潜能

在传统的笔记方法当中,无论是书写还是印刷都呈现出线性的形式,文字内容也多是一行行整齐地排列着。但是,我们的大脑接受信息并不仅仅是以简单的直线排列方式进行的,因为思维是动态的,因此人脑有十分良好的非线性接受信息的能力。尽管一个字或者词语十分简单,但是在我们的大脑中同样经过了复杂的处理过程,思维活动本身即是发散且复杂的。

对于思维,可以理解为思和维两个方面,简单来说就是将大脑想法联系在一起的过程,也就是所谓的交合信息,其中包含了信息的杂交与接收。不同的信息交合,可以使关键词之间产生新的联系,多元信息交合便可以在自己的头脑中产生出新的思想与想法。思维导图正是借助了这种方式,将所有较为分散的灵感通过某种方式联系在一起,使得绘图者的头脑逻辑变得更加清晰。

我们的大脑在对一个问题进行思考的过程中,同时会进行多维的信息相互交合,会产生一幅动态结构图,将脑海中的这样的网状结构表示出来,就是一幅个性特征极强的思维导图。在学习、工作中胸有成竹的人,头脑中都会有这样一幅思维导图,并且运用起来得心应手。因为思维导图本身即是一种由心理活动编辑而成的、引导思维和想法的图画,所以在多维信息与对应的中心主题反复交合的"信息反应场"中,我们可以更加灵活地对心里场进行整合与分析,以适应外化潜能的需要。

应运而生的思维导图其绘制过程本身就是自己的外化心理的运作、思考过程,围绕着中心主题对自己大脑中所积累的信息,以及新获取的信息进行重新认识与组合,反映出心理活动的过程。

绘制思维导图,首先要将要分析的中心问题作为焦点,从我们的大脑庞大的记忆库中搜寻其问题的相关信息，寻找出信息因子之间可能会产生的新联系，同时选择好关键点，在不脱离中心主题的情况之下对关键点进行新的联系。继而在大脑中建立起一套完整的信息系统，让中心问题变成整个思维网络的中心点，并且经由各个关键点不断地由中心向外扩散，不断地扩大联想的空间以及范围，使绘制的思维导图中关键点不断增加。

当大脑可以自由地进入"外化场"，可以确切地了解到自己到底知道哪些关键信息点，就可以更好地对自身的能力进行一个评估，并可以摆脱不了解自己到底需要哪些信息的尴尬状态。

绘制思维导图还有一个特点就是可以帮助绘图者选准关键点。在绘图初期要敢于把那些不相关的信息和问题与中心主题联系在一起，让关键点和主题之间产生碰撞，促使自身潜能的外化。

我们还可以将思考的中心主题和关键点分开来进行考虑，也就是将一个关键点作为下一个问题的中心问题进行下一步的发散，这样的思考方式往往会加速大脑的运作，产生新的创意。

我们在绘制思维导图时，要能够自由、发散地选取关键点，练习时可以将所能想到的关键词全部写出来，将问题的主体信息纳入到问题中心的"信息反应场"中，并且将信息按照各个维度分别进行输出，逐个快速地筛选，然后与中心主题进行多元化的联系，使得不断地出现更多的关键点。

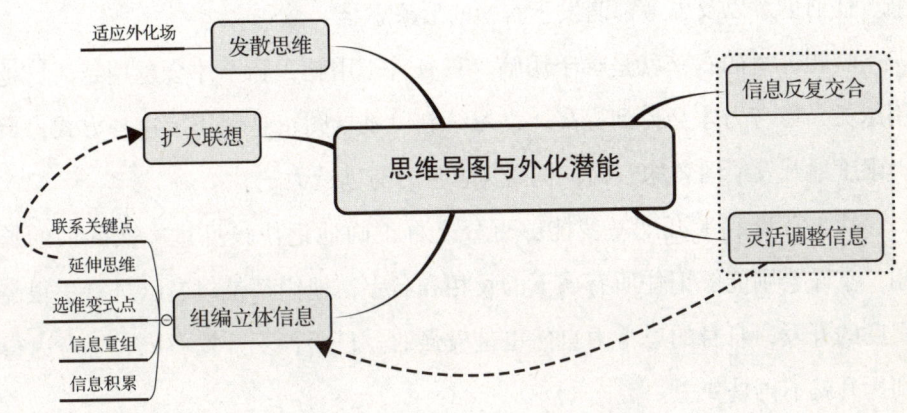

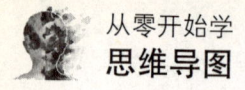

思维导图不仅促使了我们潜能的外化，更加重要的是可以提高我们的思考力，练习更加有逻辑有次序地将所思考的问题明朗化、系统化。

就像是人类思维的具现化展示图，思维导图的绘制是将自己大脑的思维立体化。在绘图中要时刻调整自己的思绪，因为大脑的思维十分发散，所以要专注于中心主题，在思考关键点的过程中不断调整方向，筛选出有用的信息，突破思维的临界点，使自己的灵感外化。思维导图既可以将大脑潜能最直观地外化出来的，也是一种提升思考力的工具。

4.4 唤醒沉睡的右脑

我们学习思维导图，目的就是让自己的左右脑结合起来运作，这样可以更好地提高我们的记忆力与思考力。

大部分人的右脑并没有得到完全的开发，甚至有些人的右脑还处于沉睡中。因此，在绘制思维导图过程中，对于右脑的开发就显得尤为重要了。21世纪是开发右脑的世纪，都说右脑是属于天才的大脑，其中蕴含着的潜能就像是夜空中的繁星一样。对于很多人来说，大脑中的右脑就像是一片还未被开垦的处女地，运用思维导图方式提高思考力，也就是在唤醒我们沉睡的右脑。任何创意以及思考都萌发于右脑的形象思维。

唤醒沉睡的右脑就是善于用脑。只有善于用脑，脑子才会越用越活、越用越灵，思考力才会得到提高。学习绘制思维导图正是利用了这一方式，最大限度地开发绘图者的右脑，提高其思考力与创造力。

达·芬奇和米开朗基罗能够百分之百正确地记住只见过一次的人的长相，拿破仑则能够记住所有属下的长相和名字，他们都是对右脑进行了很高程度的开发，自身的思考力自然也是极强的。只要善于开发右脑，思考力得到提升就不再是梦想。

练习绘制思维导图本身就是发掘右脑潜能的一个过程，只有将左右脑结合起来，我们的思考力才会得到提升。因此在思考问题的过程中，我们要保持自己的好奇心、求知欲以及对于问题的新鲜感。

在日常的学习生活中，大部分人更习惯的是对于固定问题的逻辑训练，这都是针对左脑开发进行的训练，而右脑则很少得到开发。运用思维导图来开发右脑的过程，应按人脑思维、心理和生理规律，激发和诱导个人的兴趣爱好。因为思维导图给绘图者带来的新鲜感是持久的，思维导图形式将发散思维无限地添加进去的模式，也会不断地激发人脑的创造力以及想象力。

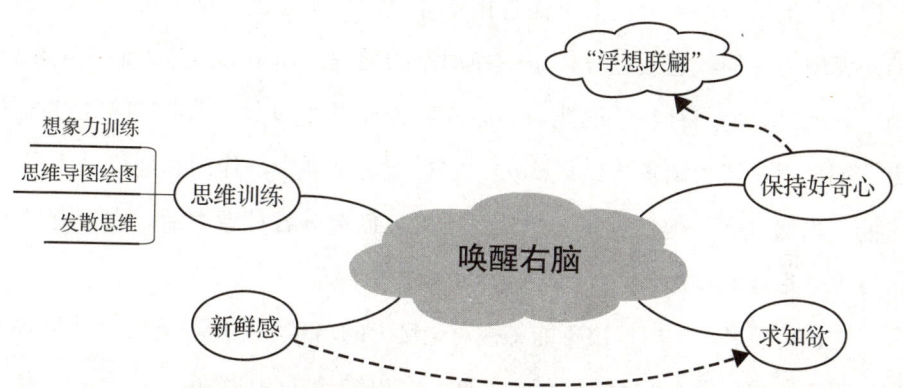

对于右脑的开发，我们还需要做的就是让自己"浮想联翩"。要知道，我们在大脑中会积累无限的信息与知识，但是更多真正的知识不是来源于被灌输的课本教材中，而是来源于自己的联想。

应试教育以及"填鸭式"教育使得越来越多的孩子只会循规蹈矩，社会中也越来越缺乏创新型的人才，很多人的右脑创造力得不到利用，左脑却在超负荷运转。而本书所要介绍的思维导图就是将大脑的左右脑结合起来练习的方法，用发散思维的方式将大脑中的瞬间思维留下，开发了右脑的潜能。

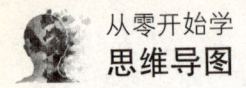

4.5 思维导图提高记忆力

思考力与记忆力有着紧密的联系,当你的记忆力得到提升,思考力自然也会提高。这是因为我们的大脑在进行思考的过程中,需要充分地调动脑海中所有积累的资源,想要更加深入地思考,拥有丰富的知识储备是必不可少的。

在我们的成长过程中,能够获取的信息十分庞大,有些知识隐藏在我们的脑海深处,并不会被记起,这就是因为我们的记忆力受到了限制。记忆与记忆力虽然密不可分,但不能直接划等号。从概念上,记忆是一种智力活动,表现为一种经过或过程,是一种动态的呈现。而记忆力是人们在记忆活动中表现出来的一种特殊的能力,即人们记住事物的形象或事情的经过的能力。记忆力是智力的重要组成部分,它在记忆活动中的作用和地位是不可取代的。当然,在其他如观察、想象、思维、创造等各种智力活动中,记忆力也发挥了重要的作用。

在训练思考力的时候决不能忽视对记忆力的培养。在培养记忆力时要掌握记忆原理,避免进入思考的误区。因此,在思维导图的训练中,提升记忆力也有助于培养更加强大的思考力。想要提高记忆力,就要先从记忆训练开始。

记忆训练的两大核心是想象和逻辑,这也正是绘制思维导图所需要的能力。想象指的是大脑对于图像的记忆,通过发挥自身的想象力,将各种抽象的资料转化成图像,可以使大脑更加轻松地记住那些内容。思维导图恰恰也是运用了这一种方法。

在训练想象力的同时,当面对一些有一定长度并且需要理解的资料时,除了需要运用想象力,还需要逻辑性思维来对问题进行理解和记忆。

在人类的大脑中,右脑主要负责韵律、节奏、图画、创造、想象等功能,总体感觉更加活泼一些,从生理的角度来说主要负责的是控制人的想象力。而人类的左脑负责的是语言、顺序、分析等功能，总体呈现的感觉都是较为抽象的，从生理角度来看主要是控制人的思维逻辑功能。

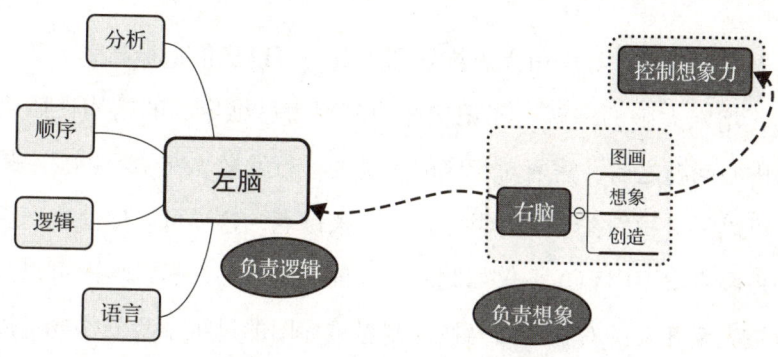

我们从记忆力训练入手，同时进行想象训练和逻辑能力训练，这对我们右脑和左脑的开发都有很大的好处。

想象力的训练除了提升记忆力之外，还可以有效地提升我们的专注力、理解能力、创意能力，并且能够让我们对所学习的内容产生更丰富的感受，会有更强的学习兴趣和热情。而其中的创意能力不仅让我们的学习过程充满乐趣，对于以后的工作、学习和生活也都很有益处。

逻辑能力的训练能够让我们学会找关键词，在绘制思维导图的过程中可以分清究竟哪些关键词是有用的，哪些关键词更加贴近所讨论的中心主题。

所以，记忆力训练也是在学习绘制思维导图的过程中必不可少的一步，思维导图同时也可以有助于提高记忆力。

4.6 思维导图在学习中的优势

思维导图的特性使得思维导图和传统的学习方法相比具有很大的优势。在很多时候，思维导图作为一种更加快捷的学习方式，在国外的儿童教育中

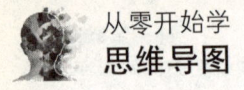

被广泛应用，国内也渐渐兴起了学习思维导图的浪潮。

4.6.1 提高学习效率

首先，在学习过程中引入思维导图工具，可以成倍地提高学习效率，同时有助于增强大脑的理解力和记忆能力。因为思维导图的结构性质决定了确定了中心问题之后，需要对相应的关键词进行发散。在学习过程中使用关键词，可以强迫我们在学习时思考这一个关键点，这样可以促使我们更加积极主动地倾听学习内容。不仅如此，正如前文所说的，思维导图可以激发我们没有被完全开发的右脑，因为在绘制思维导图的过程中我们需要运用到颜色、图像以及大脑的想象力。

思维导图的创始人东尼·博赞说："传统的记笔记方法是使用了大脑的一小部分，因为它主要使用的是逻辑和直线型的模式。"所以，图像的使用加深了我们的记忆，因为使用者可以把关键字和颜色、图案联系起来，这样就使用了我们的视觉感官。

4.6.2 集中精力关注关键的知识点

将思维导图引入学习当中，可以有效地让学习者将主要精力集中在关键的知识点上，筛选出重要的关键词，可以避免将时间用在不必要的内容上，这样节约了学习时间，可以更好地掌握重点。

在学习时，运用思维导图对学习内容进行整理，通过记录关键词的方式强迫我们学习时按照记录下来的关键词进行思考，提高学习效率。同时，关键点之间的联系，会引导思考者进行积极主动的思考，不会陷入盲目思考的境地。

思维导图的形式上条理十分清晰，有助于快速系统地对知识点进行整合，可以让大脑中的思路以及知识融会贯通，以此开发出更加具有创意的思路。

发展创造性思维以及创新能力。发散思维是创新思维的核心，想象力又是必不可少的因素，绘制思维导图的方式方法恰恰就是将发散思维进行具体化、可视化、立体化的过程。

4.6.3 构建知识体系

思维导图具有极大的可伸缩性，导图的绘制模式也顺应了我们大脑的自然思维模式。因此，我们可以使自己大脑的主观意图在导图上自然地表达出来。同时，思维导图能够将新旧知识结合起来，作为关键词进行串联。

要知道学习的过程是一个由浅入深的过程，在这个过程中，将新旧知识结合起来是一件很重要的事情，因为人总是在已有知识的基础上学习新的知识，在学习新知识时，要把新知识与原有认知结构相结合，改变原有认知结构，把新知识融汇到自己的知识结构中，能否具有建立新旧知识之间的联系是学习的关键。

思维导图的优势就在于可以用关键词连接等方式，将我们大脑中的固有知识体系展现出来，同时将思路中的关键词进行联系，可以构建属于自己的知识体系。

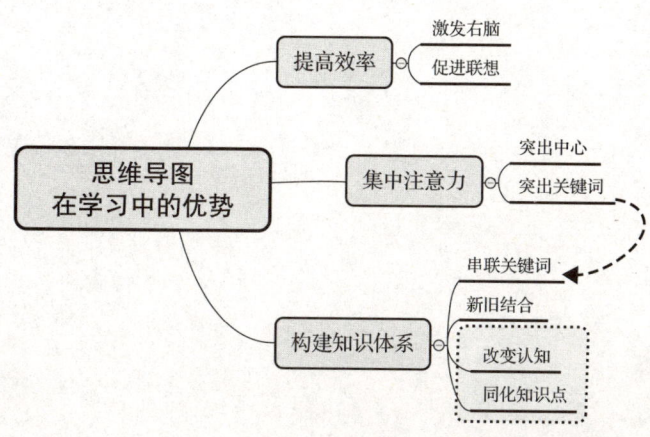

Part2
欢迎来到思维导图的世界，带你开启思考的大门

第 5 章
绘制思维导图前你应该知道的

思维导图看似复杂,实际上只要掌握其要领,应用起来就会十分简单了。绘制思维导图,完全掌握每个原则所代表的含义很重要,这对于将每一张思维导图都转化为长期记忆甚至新的创意理念帮助极大。

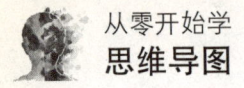

5.1 思维导图概述

思维导图无疑是培养提升自身思考力的绝佳方式,是一种将放射性思考具体化呈现的方法。

我们知道,人类的大脑思考模式呈现出放射性的结构,这是由脑神经结构决定的自然思考方式。每一条进入大脑的信息,不论是感觉、记忆或是想法甚至包括一个文字、词语,都可以成为我们大脑的一个思考中心。

大脑提供了一个思考中心之后,由此中心会向外发散出成千上万的关节点,在思考过程中每一个关节点代表与中心主题的一个连接,而每一个连接又可以成为另一个中心主题,再向外发散出成千上万的关节点。这些关节的连接可以视为你的大脑记忆,从而形成个人数据库。这也是为什么说人类的大脑思维是无限的,思维导图也是可以无限延伸下去的。

我们从一出生开始,其实就已经开始积累属于自己的庞大数据库了,婴儿时期父母与身边人的语言让我们获取了第一批信息,在之后的成长过程中,从学校受到的教育使我们获取了更多的信息。人类的大脑潜力十分惊人,可以让我们在成长中积累大量的信息。

那么在本书中通过思维导图运用的放射性思考方法,不但可以加速我们对信息、资料的积累,更多的是可以将我们大脑中原本就已经存在的那些想法激发出来,并且彼此联系起来,进行关联、分层,使我们大脑中那些不易被察觉的想法与信息更加具有逻辑性。而且,利用思维导图的方式,可以使信息的储存以及管理、应用更加具有系统性,这样有助于提升我们大脑运作的效率。

思维导图以放射性思考模式为基础,将思维可视化的方式运行得收放自如,不但为训练我们的大脑思考力提供了一个正确而快速的学习方法以及工具,更重要的一点是,我们掌握了思维导图这种学习方法之后,可以将其运用在创意联想与汇聚、工作日程安排、问题解决与分析、会议记录以及管理等各个方面,在日常的实用性上来说往往会产生令人惊喜的效果。

思维导图与传统的笔记法和学习法有着很大的差异,思维导图的模式更加契合人脑的思维方式,由于导图的特性使其能够提供一种源自于神经生理的学习互动性模式,并且当我们在绘制思维导图时,可以开发大脑的放射性思考能力。因此,思维导图为我们的大脑思考提供了一个有效的思维图形工具,发挥图文并重的特点,开启人类大脑的无限潜能。思维导图作为一种有效的思考工具,可以充分运用左右脑的机能,协助人们在科学与艺术、逻辑与想象之间平衡发展。

近年来思维导图因其完整的逻辑架构及全脑思考的方法,被广泛应用在学习及工作中,使用思维导图能大量节省时间以及物质资源,在个人或公司绩效的提升上会产生令人瞩目的效果。

那么,在绘制思维导图之前,我们要学习如何快速地了解导图。

5.1.1 俯瞰全貌

我们确立了一个项目后,往往会先了解一下整体情况,分析思维导图的时候同样也是一样,首先要俯瞰全貌。

思维导图的首要策略就是要先对素材做全面的了解。虽然思维导图是一种发散思维的具现化,但是这种思维的发散并不是毫无逻辑的思考,想到哪里就是哪里,在绘制思维导图之前就应该已经对所要分析的中心主题进行了深入全面的了解。

就好像是在做身体检查之前拍摄一个X光片,医生要对你的身体进行一个大致的了解。绘制思维导图就像是在拍X光片,你要对自己导图的中心主题做一个全面的了解,这样在进行思维发散的时候不至于让思绪混乱,偏离中心思想。

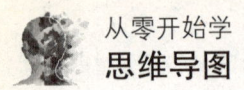

在绘制导图之前，了解导图中有哪些内容是必要的，因为要制定的内容、能够发散出的方面、发散的尽头，这些都是你需要考虑清楚的，并不是在绘图的过程中想到哪里写到哪里。你要让自己变成翱翔云端的老鹰，俯视自己的猎物，做到在绘图之前心中有数，而不是茫然无措。

5.1.2 聚焦原则

学习和记忆不应该是囫囵吞枣式的照单全收，绘制思维导图也不应该什么内容都填进去。

在绘制思维导图的过程中，我们可能会遇到这样的情况：遇到一个分支问题的时候，我们的脑海中闪过了无数的念头与想法，仿佛所有的内容都十分有用，或者都没用，这就是我们在思维发散中最容易遇到的问题——思维混乱。

无论进行什么样的思维发散都要明确自己的中心主题，这就是聚焦原则。

学习应该是有效率地进行，思维导图绘制也是同样，我们要刻意地忽略那些扰乱我们思绪的内容，忽略掉一些不重要的内容，避免让这些庞杂的内容扰乱了我们的注意力。

绘制导图的过程中应当关注真正重要的信息，思维导图强调的就是掌握少数关键词的原则，以求快速集中地学习焦点。

5.1.3 分析脉络

脉络的分析也是绘制思维导图的关键。

人的左脑最擅长的就是分析事物并且做出判断，思维导图恰恰就是运用了左脑的这一特性，设立一个中心主题，然后抽丝剥茧地找出不同事物之间的关系。

思维导图的形式本身就是脉络性极强的，从主干分支再到其他分支，本身就是符合左脑的思维逻辑的。

思维导图的形式利用左脑的机能，可以清楚地找出问题的关键原因、影响，这一点在思维导图对文章或者事物超强的解析能力上也能体现出来。

5.1.4 手写记忆

有一句俗话叫作"好记性不如烂笔头"，有些人总觉得自己明明比其他人更加有能力，但是却并没有他人那般的成就，明明觉得自己潜力无限，却总也不能行动起来。

"眼高手低"就是用来形容一个人只知道规划不知道落实。绘制思维导图的过程中，切忌眼高手低现象发生，而是应该"眼高""手低"。"眼高"是指在你绘制思维导图之前，应当做到总览全局，并且可以精准快速地找出其中的关键字或者关键词。"手低"则是指要勤动笔。

绘图可以帮助人加深对于一个词或者点的记忆，这也是"好记性不如烂笔头"的原因。人类接受外界信息最频繁的器官是眼睛，用眼睛观察全局，用大脑进行思考，最后再由执行力最强的双手进行落实。透过眼、脑、手协作制作而成的思维导图自然非常直观。相反，只停留在眼睛看或者脑袋空想的阶段，而不落实在笔头上，很难将记忆保存下来。

思维导图的这种方法，将文字和图像结合起来，用手绘的方式保存下来，这样更加有助于将对关键词、点的记忆转化为长期的记忆。

5.1.5 关键词

了解绘制导图的原则方法之后，下面要说的就是思维导图的最大特色之一：关键词。

为什么说关键词是思维导图的特色？因为思维导图本身这种形式就是将零散或一闪而过的碎片形势的记忆表现出来。关键词一般是对中心主题的发散，接着是二级关键词、三级关键词等。思维导图的一大特征就是将这些关键词用图象代表，以手绘的形式表现出来。

这里说的"手绘"并不是说需要你精通绘画，而是说可以亲手用绘图或者其他的形式让你的关键词变得更加醒目起来。关键词是你思维的重要节点，当人的大脑进行回忆时总会快速想起那些更具有吸引力的内容，突出思维导图中的关键词，让你在回忆起中心主题的时候，可以快速精准地还原出原来文章内容的重点。

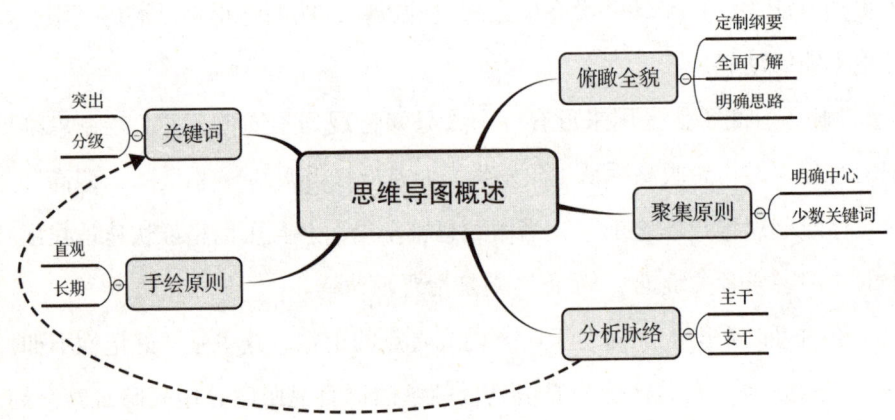

5.2 识图三步曲

绘制思维导图是我们学习思维导图的终极目标，如何绘制一张有价值、有意义并且直观的思维导图是本书要讨论的重点。

在我们开始着手学习如何绘制导图之前，一定要学会如何看懂一张思维导图。也许大家会发笑，认为看懂一张带着文字的图有什么难的。但在没有接触思维导图之前，想要完整地看明白一张发散性极强的思维导图，其实是很有难度的。

想要自己绘制出一张完美的思维导图，那么就要先从能够看懂他人的思维导图开始。思维导图的具体呈现是一件个性极强的事情，毕竟"一千个人心中有一千个哈姆雷特"。思考模式带有明显的个人风格，想要一下看透另一个人的思维也是十分困难的。

虽然如此，思维导图却提供了一个十分明确的样板，可以让人快速地理清思路，这样不仅让第一次看到导图的人可以快速地了解绘图人的思维逻辑，更重要的是可以让绘图人自己在重看思维导图的时候迅速想起当时的思路。

想要快速地看懂思维导图，首先你要学会思维导图的识图三步曲。

5.2.1 第一步，认清中心主题即是问题的根本

当看到一张思维导图时，你的脑海中闪过的念头是什么？

乱？花里胡哨？画得很漂亮？很有设计感？这些都是你在视觉上对于导图的直观感受，有时看到一张绘制得十分精美或者个人风格极强的思维导图时，常常第一感受就是杂乱无章，根本无法看懂。但思维导图真的是杂乱无章的吗？

思维导图看似无序，经过观察就会发现，无论是何种形式的思维导图都会有一个发散点，不同的分支都是从一个或者几个中心点发散出来的，而看思维导图的第一步就是要找到发散点，也就是整个导图的中心主题。

人的大脑思维很难同时思考多个问题，而且人类的注意力是十分有限的，因此，思维导图很好地为大脑确定了一个主题，这个主题就是整个思维导图的核心，也是导图讨论的根本问题。只有认清导图真正想要思考的问题中心，接下来的识图才会有更加清晰、深刻的领会。

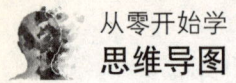
从零开始学
思维导图

从给出的话题中找出最主要的中心主题。

- 水蜜桃
- 苹果
- 果皮
- 哈密瓜
- 桃子
- 火龙果
- 果肉
- 根茎
- 水果
- 梨

5.2.2 第二步,思维导图的主干有哪些

找到一张思维导图的中心主题之后,脑海中自然也会形成自己的发散思维,再看到他人导图的时候可能会被自己的主观意识影响,那么这时就可以根据思维导图的主干梳理思路。

看过了大量的思维导图后,我们会发现思维导图是从中心主题向外延伸出不同的分支,而连接在中心的大分支就是主干。就像河流一样,每条河道的支流都是朝向四面八方的,在思维的过程中也是如此,但这些河流最后都将汇聚到大海也就是导图的中心主题中。

学习思维导图的过程中,找到分支是十分重要的,因为主干分支就是对中心主题最核心、最精炼的总结,同时,主干分支还为看导图的人提供了大量的思路。通过找主干分支,识图的人对中心主题有了更加深刻的理解,而且不至于在看思维导图的时候被一些无意义的想法带偏思路。不仅如此,主干还是一种极其清晰的整理方式,观察所有的思维导图,主干总是用更粗的线条或者更加鲜艳的颜色重点表现出来。这就是因为主干是围绕中心主题的主要思路,接下来的一系列思路都是根据发散开的主干进行延伸的。

认清主干思路有哪些,也是快速看出中心主题重点的关键。

5.2.3 第三步,向下寻找线索

确定了中心、主题并找准了主干分支之后,我们对于整个思维导图也就有了一个大体的概念,对于导图讨论的中心也有了初步的理解和认识。中心给出了一个基本概念,主干分支将概念进行细化、提供了思路,但思维导图的内容远远不止于此。

我们看到的很多思维导图,无一不是枝干十分庞大的,盘根错节,似乎没有头绪。但是只要仔细地观察就会发现,在庞大的思维导图分支中,规律和逻辑关系都是有迹可循的。

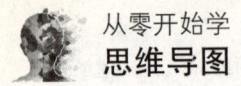

思维导图就像是人类的大脑思维路径，是层层递进不断深化的，主干分支下会出现新的分支，新的分支则是体现了绘图者的新思路。

在分析思维导图的过程中，遇到一个难以理解的节点时，要向下去寻找枝干，因为在你不解的这个节点，制图者在当时很有可能也遇到了同样的疑惑，那么这个节点问题的答案有可能就在从这个点延伸出来的分支上。

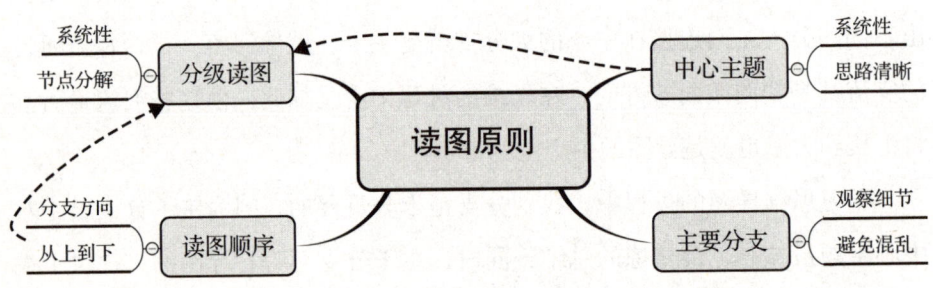

5.3 思维导图的一级、二级和三级

前期学习思维导图过程中，由于没有习惯思维导图这样发散的表达形式，很多人都会很头疼。有些导图因为内容过于丰富所以会显得有些杂乱，如果掌握了上面讲到的识图三步曲，再重新看思维导图时就会感到轻松了许多。

我们学习导图还需要知道的另一个内容就是关于导图的分级。思维导图是由中心主题和围绕着中心主题进行的分支构成的，思维导图的关键词也就分成了一级、二级和三级。三个等级是层层递进的关系。

举一个简单的例子，设置一个中心主题：水果。

那么围绕着水果这个主题进行发散，水果——苹果，那么苹果作为分支的一个节点就是一级关键词。

继续进行发散,水果——苹果——苹果皮,那么苹果皮作为苹果的下一级分支就是二级关键词。

如果从苹果皮继续进行发散,水果——苹果——苹果皮——纤维,那么纤维就是三级关键词。以此类推。

为什么分清思维导图的关键词等级如此重要呢?那是因为如果没有分清楚关键词的等级,会出现思维和中心主题对不上的情况。同样以水果、苹果为例子,绘制了一张思维导图,有可能我们第一眼看到的是在最外围的纤维,大脑第一时间对这个关键词进行联想,有可能会想到纤维——芹菜,再由芹菜想到蔬菜,这样的话就完全脱离了"水果"这个中心主题。

脱离中心主题是思维导图中绝不应该出现的,即便是导图本身就是发散思维的展现,但一切都应当围绕着中心主题展开思考。如果内容过于混乱,那么思维也会始终处于混乱状态,思维导图也就失去了它的意义。

因此,分清思维导图中关键词的一级、二级和三级是学习思维导图的重中之重。

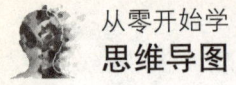

找出下列思维导图当中关键词的一级、二级和三级!

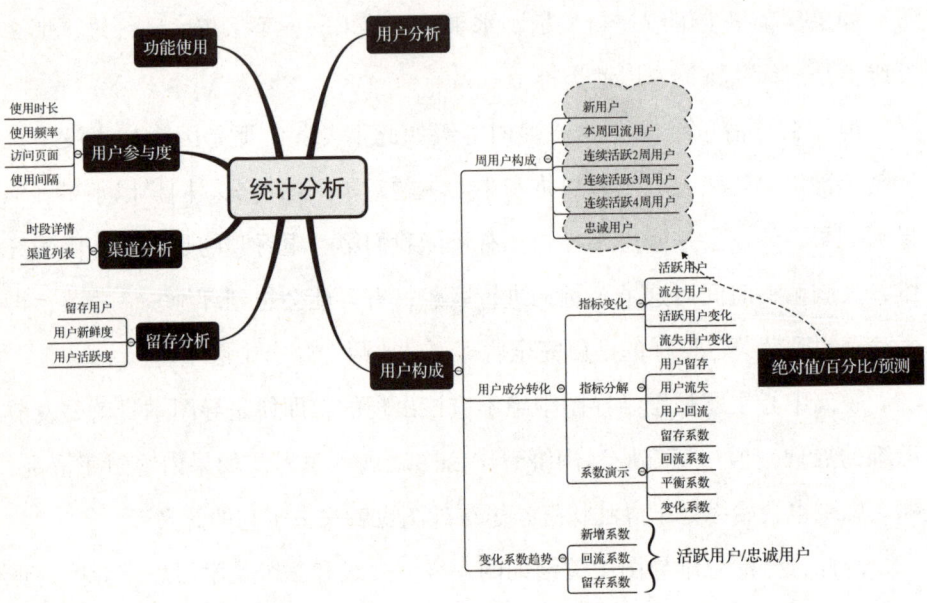

一级关键词

二级关键词

三级关键词

第 6 章
八种基本类型，丰富你的思维导图

思维导图是一种看似复杂，实际上很有规律的大脑思维呈现工具，我们绘制导图的过程本质上就是在捕捉从我们的脑海中一闪而过的想法。无论是用怎样精美的效果呈现，我们始终要保持自己的头脑清醒，而不应该让自己的思绪毫无逻辑与规律可循。

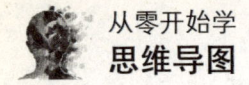

6.1 适合头脑风暴的圆圈图

圆圈图,顾名思义就是由圆圈组成的导图。圆圈图经常用于定义,也就是围绕着圆中的一个主题进行无限的发散。

传统的圆圈图是由两个同心圆组成的,内部的圆形就是主题,种类不限,可以是词语,也可以是数字等。而围在外面的大圆则用来填写和中心主题相关的所有细节特征。

这种圆圈图普遍应用于国外的儿童教育中,可以说是儿童启蒙、发散儿童思维的最佳方法。不仅是儿童教育,现在很多组织或者企业都会让员工借助圆圈图进行头脑风暴。你可以让包围在中心主题之外的大圆无限大,这样一来,可以容纳的思维与细节也是无限的。

圆圈图的绘制方法十分简单,而且形式非常简洁,用来定义事物是不错的选择。

第6章
八种基本类型，丰富你的思维导图

仔细观察下面的圆圈图案例，绘制自己的圆圈图导图吧！

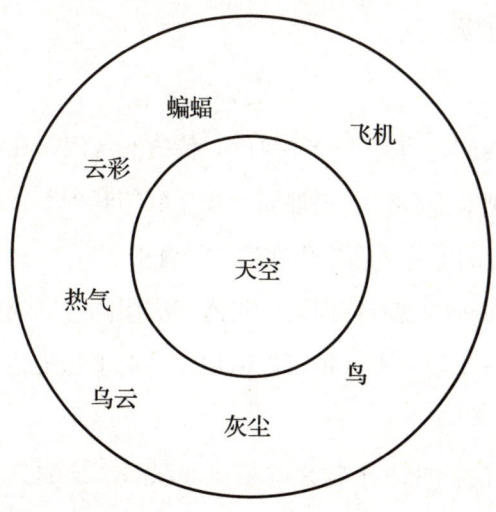

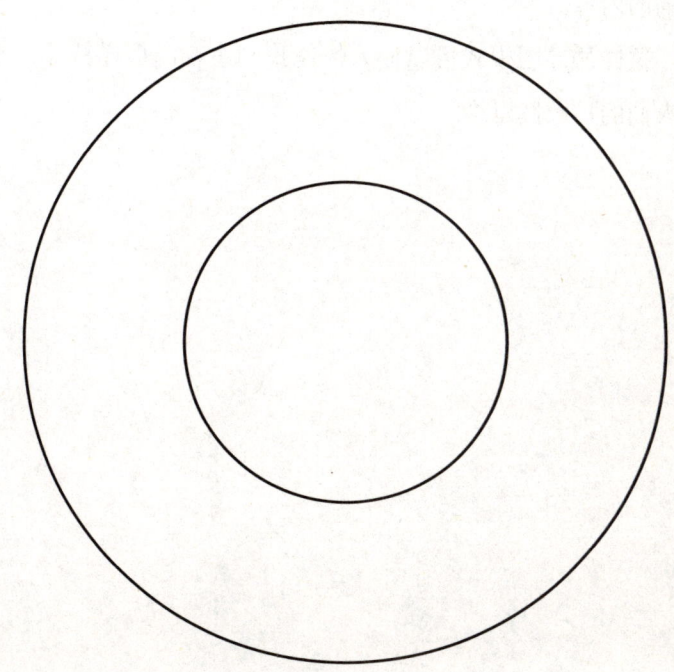

93

6.2 善于发现世界的气泡图

  由圆圈图延伸出的气泡图结构同样也是十分简单的。传统的气泡图在逻辑上一般只延伸一层。气泡图天然具有发散扩展性质,在一层的基础上,理论可以进行无限地扩张,所以气泡图十分适合应用在幼儿教育中。

  练习气泡图可以使人学会从多个维度看待问题,气泡图应用的范围同样十分广泛,不仅可以运用在事物分析解释上,也可以运用在其他事物描述等方面。

  气泡图通常用来定义事物的属性或者事物之间相应的联系。绘制气泡图,通常在中心的圆圈里写出中心主题,在用分支相连的气泡中写下描述中心词的内容。

  这样的导图模式可以让人快速找到事物的多样特征,并且可以有效地锻炼人们的扩散性思维。

第6章
八种基本类型，丰富你的思维导图

气泡图和圆圈图的类型很相似，同样以水果为中心主题，用发散思维填满这个气泡图吧！

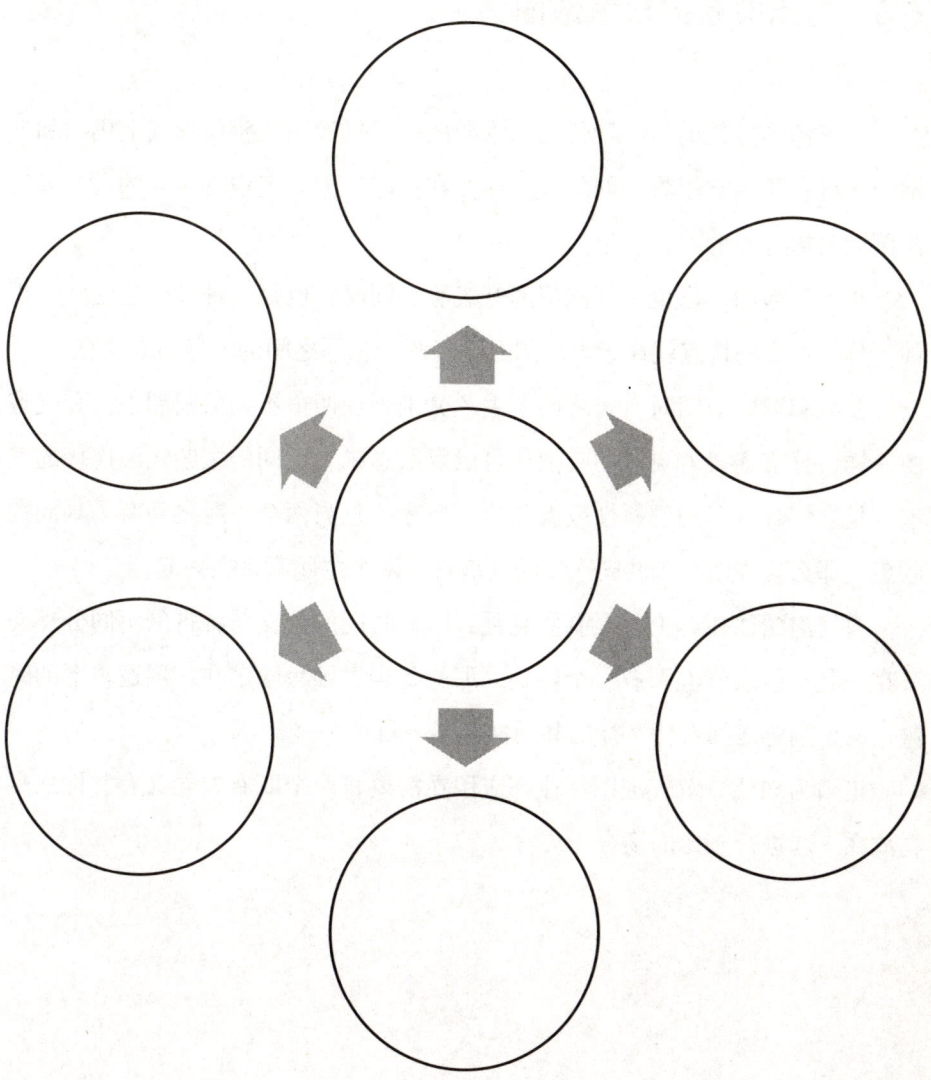

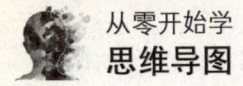

6.3 对比关系的双气泡图

与气泡图类似的另一种传统思维导图是双气泡图,整体形式上仍旧和气泡图一样,是用支干将不同的气泡连接在一起,但和气泡图不同的是,双气泡图同时拥有两个中心主题。

双重气泡图可以说是气泡图的升级版,同时,也是一种进行主题间分析的工具,主要的特点就在于可以同时体现两个主题之间的差异与共同点。

在绘制双气泡图时,要将两个主题分别画在两个不同的圆圈中。和气泡图一样,分支连接着更多的气泡,可以发散思维。不同的主题气泡连接的气泡,是它们各自不同的属性或者联想,但是一旦当两个主题之间有了共同的联想,那么就要用一个共同连接的气泡将这两个主题联系在一起。

双气泡图往往看上去会有些混乱,因为共同的分支与各自的不同分支交叉在一起。但双气泡图有一个好处,那就是当思维只限定在一层逻辑上的时候,两个主题之间有什么样的共同性就能一目了然。

正因为如此,双气泡图往往都应用在需要将两个既有差异又有共性的事物放在一起进行对比的场合。

第6章
八种基本类型，丰富你的思维导图

观察下方双气泡图中的中心主题，分析它们的异同并填写进导图气泡中。

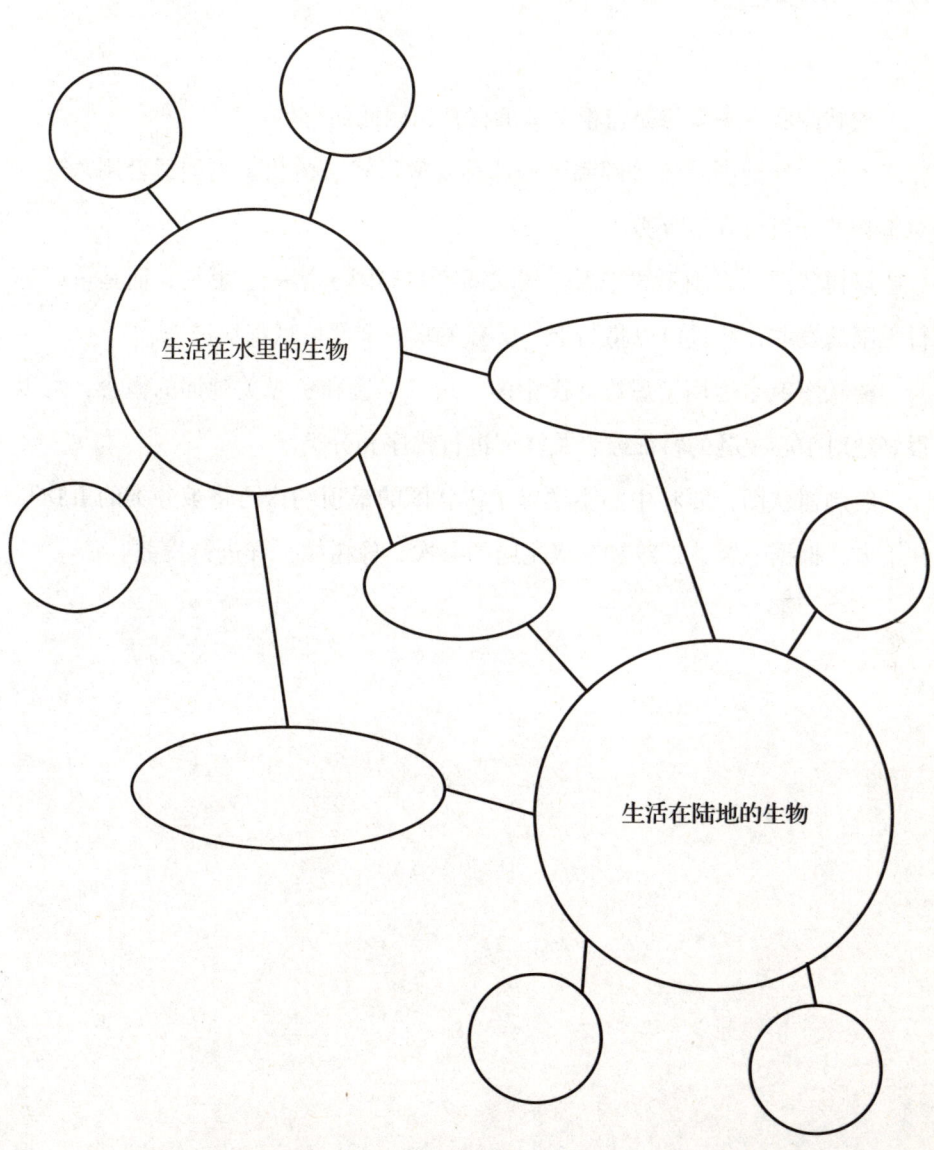

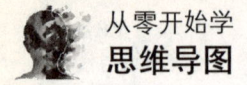

6.4　明确归类的树状图

树状图看上去就像是盘根错节的树枝，因此而得名。

不同于气泡图或者是圆圈图的那种发散形式，树状图更加适合用来进行对事物的分组或者是分类。

以树状图的表现形式来看，树状图不只局限于第一层思维，而是可以进行无限的发散，并且可以将与上一层有关联的全部信息都加进来。

树状图就是运用了思维导图中的一级、二级和三级关键词的概念，可以很好地对中心主题的特征或者关联词进行排序和分类。

绘制树状图，要将中心主题置于树状图的最顶端，再将被分类的事物写在下方，根据一级、二级和三级主题的层次，像树枝一样进行发散。

第6章
八种基本类型，丰富你的思维导图

将下面的树状图填写完整。

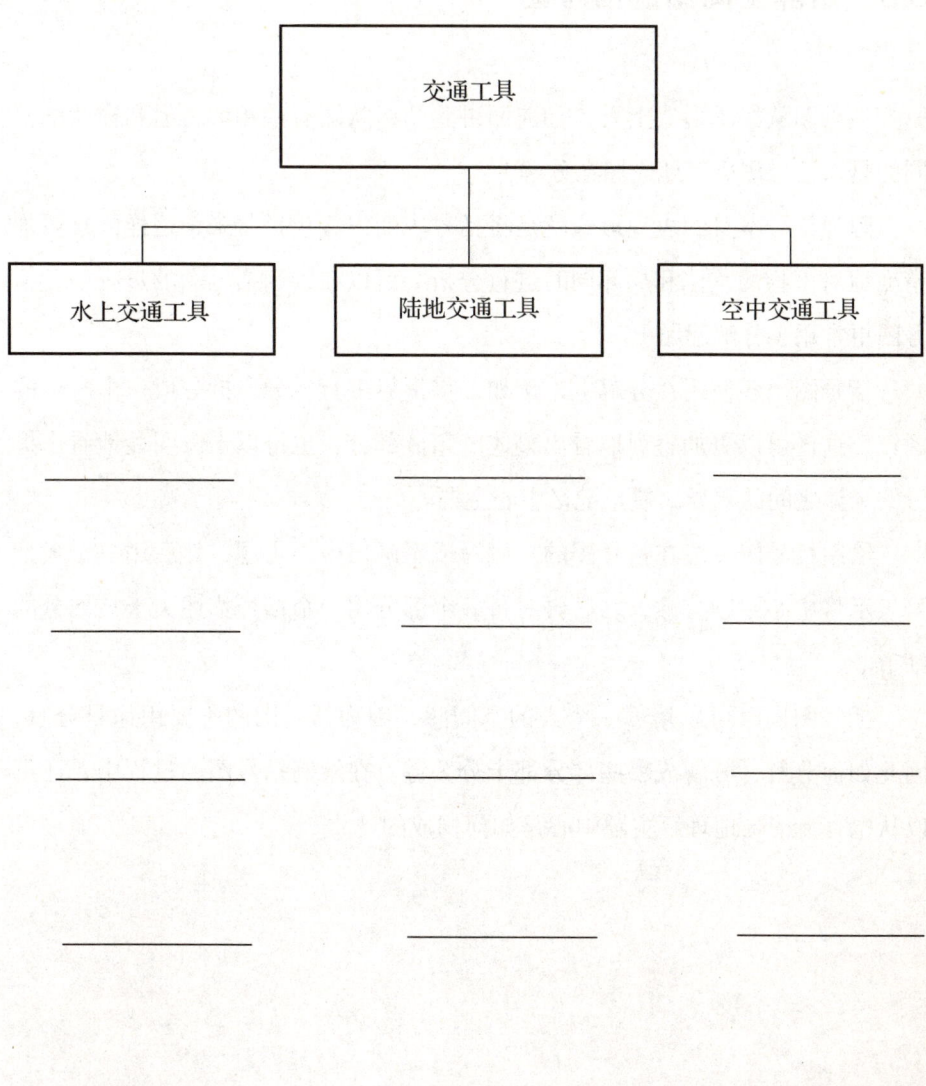

_____   _____   _____

_____   _____   _____

_____   _____   _____

_____   _____   _____

_____   _____   _____

99

6.5 培养空间感的括号图

括号图从绘图形式上看,和前面讲到的树状图有些相似,但和树状图不同的是,括号图更多地应用在分解上。

因为括号本身的表现形式就是将括号内的内容包括起来,这样能够更加精准地对事物的整体和局部同时进行分析。所以在绘制括号图的过程中,括号图更常用于分解问题上。

括号图也多使用在分解上,例如,将世界进行拆分,拆分成一个一个的国家,这样可以更加直观地看出整体的组成部分,也可以十分明显地看出拆分的个体之间的差异,便于记忆中心主题。

绘制括号图一般在括号图的左侧写或者画出中心主题,然后用一个大括号表示将中心主题分散,之后再对每一个部分用一个括号描述关于该部分的细节。

括号图同时可以培养一个人的空间感,因为括号图的主要用途是分解,因此如何分解、分解成哪些部分都十分关键。在绘制括号图的过程中,还可以从感官上清晰地理解主题中心是如何构成的。

第6章
八种基本类型，丰富你的思维导图

括号图用于拆分整体，将下面提供的中心主题用括号图的方式分解开来。

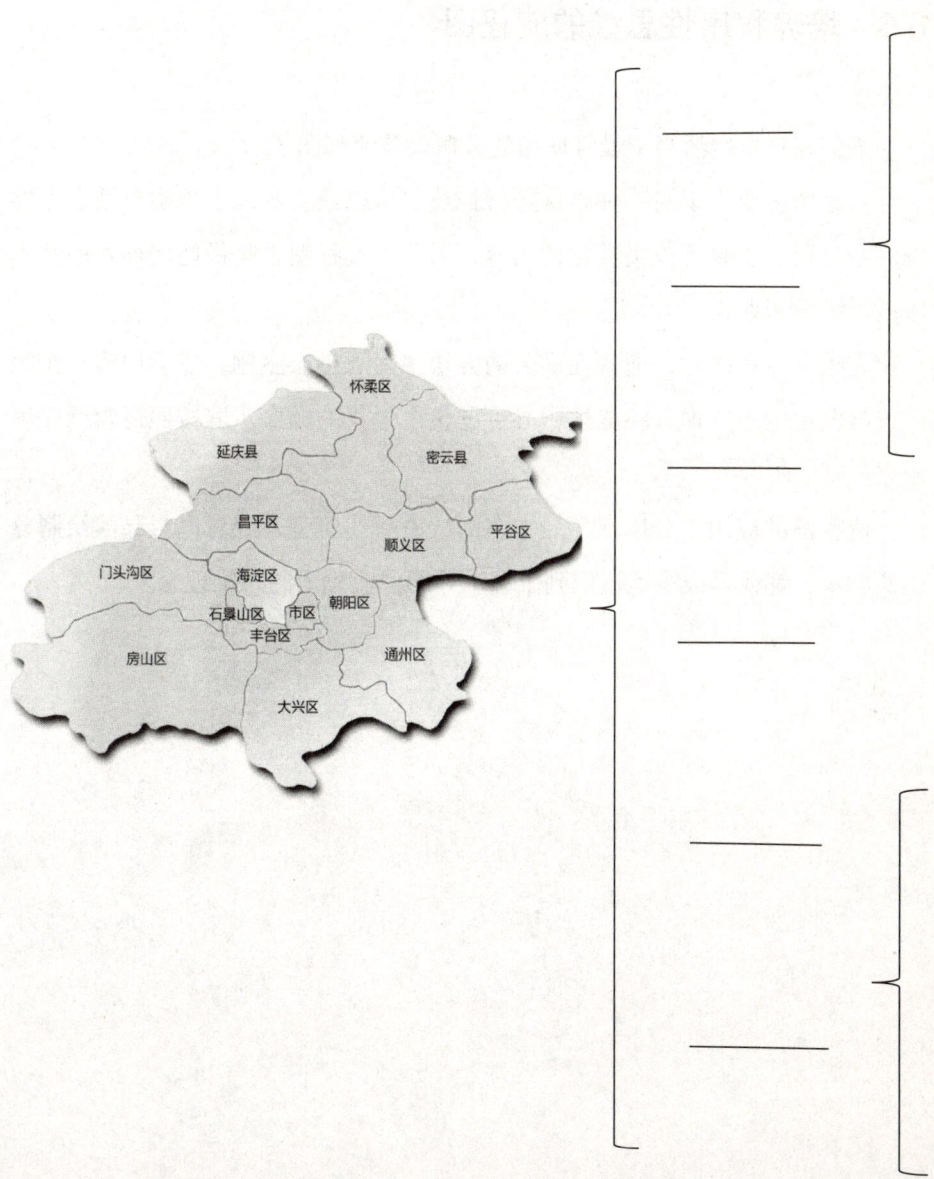

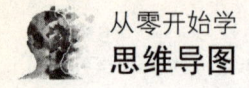

6.6 培养程序性思维的流程图

人们在日常生活当中最常使用的大概就是流程图了。

流程图主要用于对一件事情进行描述，可以最直观地表现出事情发生的顺序、过程、步骤等连贯性强的内容，因此，流程图也是最能培养程序性思维的思维导图形式。

在绘制流程图时，通常在最大的方块中写下中心主题，然后用箭头按顺序连接其他的小方框，将描述中心主题整个过程的顺序步骤按照逻辑顺序串起来。

流程图的应用十分广泛，一本书的故事叙述流程，或者电影导演绘制分镜头脚本，都或多或少地运用到了思维导图中流程图的思维理念。

第6章
八种基本类型，丰富你的思维导图

　　流程图更多的是表达一件事情的逻辑顺序，用流程图的方式讲一个你熟悉的故事吧。

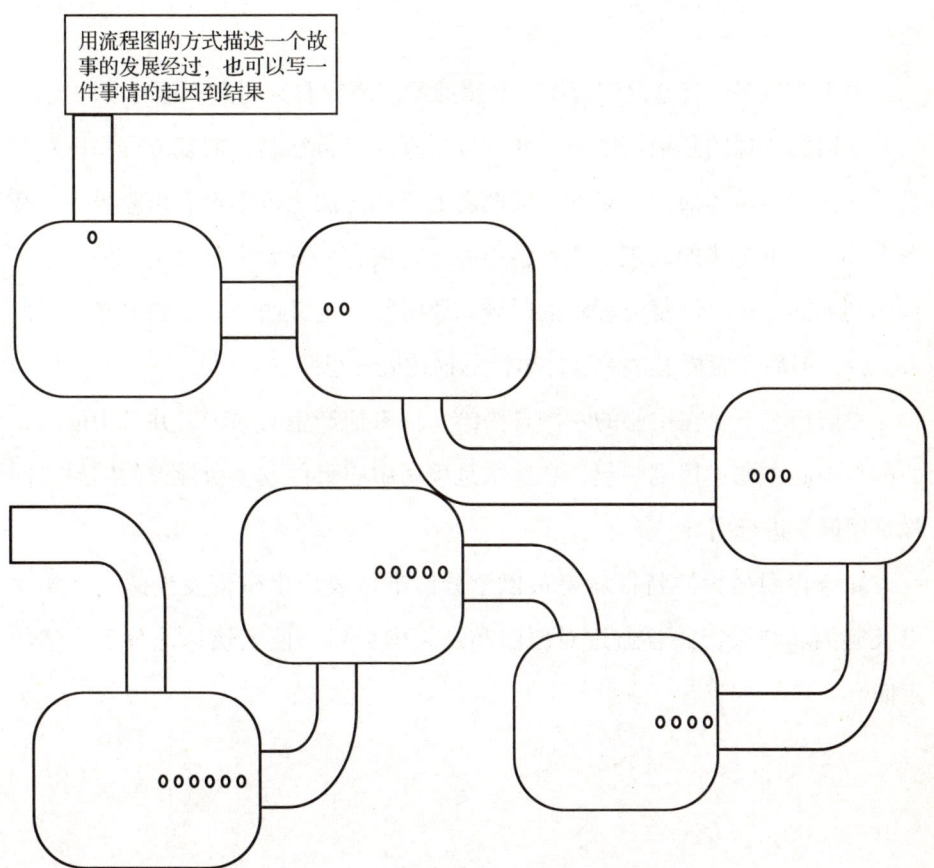

103

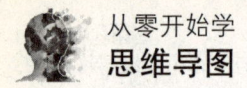

6.7 探究原因、结果的复流程图

多重流程图也就是复流程图,和普通的流程图有共同点,也有不同点。

普通的流程图是根据中心主题的发展顺序进行绘制,而复流程图则主要是用来描述事情的前因后果的。从两者的绘制方法上也不难看出差异,流程图大都是一条龙式的表现形式,将中心主题放在一开始进行讨论。但是复流程图则不同,在绘制复流程图的时候,要将需要定义的中心主题放在中心的方框内,然后在四周通过对这件事情的描述展开思路。

一般情况下,在中心的左侧是描绘这件事情产生的原因,并且用箭头将原因与中心主题连接到一起,右侧则是填写中心事件发生所导致的结果,同样是用箭头进行引导。

复流程图最大的特征就是可以十分清晰地表现出事情发生的先后顺序以及起因、结果,并且通过对原因和结果的分析,使人快速地分清事情的走向。

第6章
八种基本类型，丰富你的思维导图

将同一个故事提炼出重要事件，起因写在上方，结果写在下方。

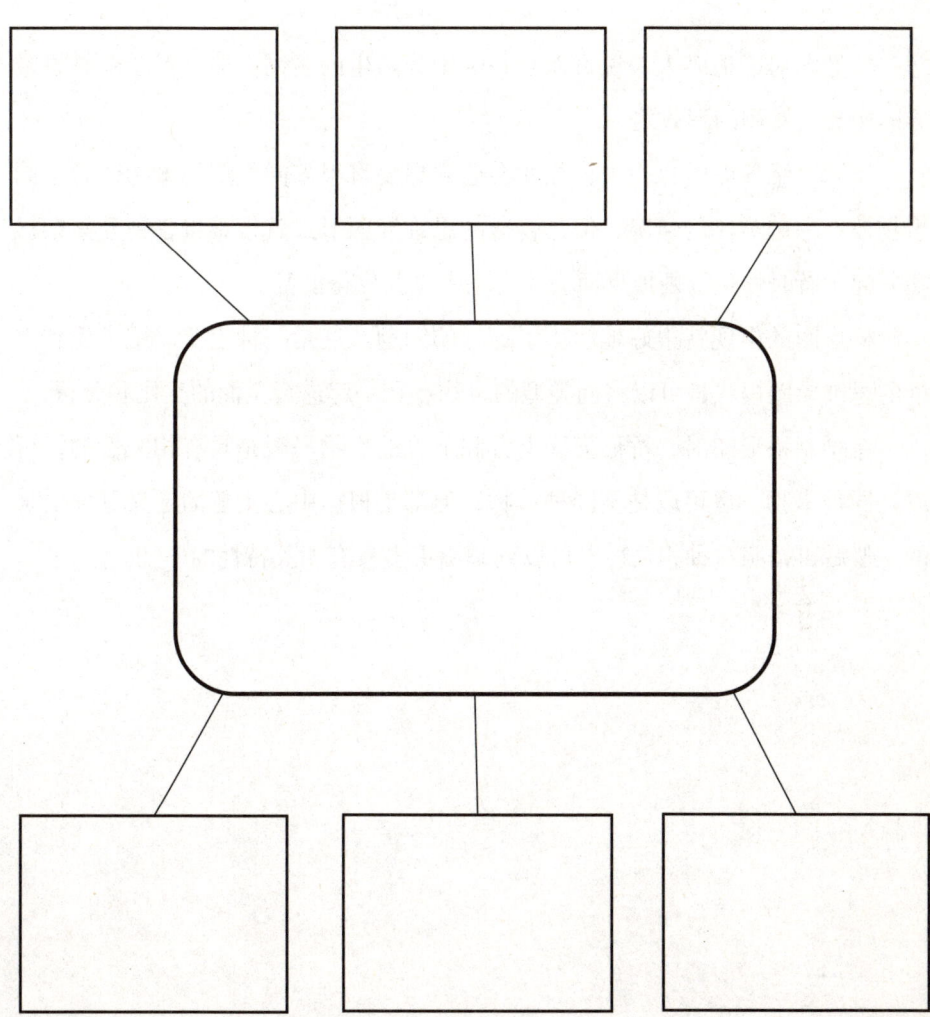

105

6.8　建立类比关系的桥形图

　　桥形图对于很多人来说可能是一个十分陌生的名词，但桥形图却是思维导图中最为常用的形式之一。

　　绘制思维导图的过程中，往往会遇到想要将很多同类型的事物或者不同事物放在一起类比的情况，但是普通的思维导图形式就很难将各种元素杂糅在一起，有时候生拉硬拽反而会使得整个思路变得散乱。

　　桥形图的出现就很好地解决了这样的问题。这是一种主要运用类比和类推的思维导图模式，可以将同类型的事物放在一起进行全面的类比和分析。

　　在绘制桥形图时，桥形横线上方和下方的事物一般是具有相关性的，可以是同种事物，也可以是不同种事物，但都是根据中心主题的定义延伸出来的，然后再按照这种相关性，可以列举出更多具有相关特性的事物。

桥形图较为陌生、却十分好用，仔细观察下面给出的例子，学着自己画一幅漂亮的桥形图。

$$\frac{\text{一件事物}}{\text{等同于}} \quad \text{与} \quad \frac{\text{一件事物}}{\text{等同于}} \quad \text{与} \quad \frac{\text{一件事物}}{\text{等同于}}$$

如果不是很明白的话，让我们看一个具体的例子。

$$\frac{\text{看}}{\text{眼睛}} \quad \text{正如} \quad \frac{\text{听}}{\text{耳朵}} \quad \text{正如} \quad \frac{\text{嗅}}{\text{鼻子}}$$

这样是否清楚了呢？那么自己动手绘制出一个有类比关系的桥形图吧。

第 7 章
"三、六、八"归"一",手把手教你画图

在日常生活中,为什么我们总是会出现眼高手低的现象呢?那就是因为大多数人总是喜欢将自己的计划浮在表面上,而不是落到实处。这样,即使是很有天赋的人,他的能力也永远无法完全发挥出来,自我价值也永远无法体现。

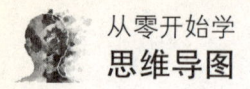

7.1 首先学会模仿

学习绘制思维导图时，首先学会模仿是很重要的。因为思维导图的学习需要很长的一段过程，初期，我们应该尽量模仿一些他人绘制的好的思维导图，学习其思考、分析的方法以及绘制技巧。

这里说的模仿是通过对他人长处的借鉴，形成独特的自我意识思维。对于思维导图的模仿，我们应借鉴他人思维导图中所表现的形式以及其思维过程。

有很多思维缜密且表达清晰的思维导图样板，通过模仿别人身上的优点，我们就可以将别人思维中的闪光点应用到自己的身上，让我们能更有意识地对自己的思维关键点进行筛选，这样我们不但能够提高对中心问题思维的专注性，还能够更好地绘制属于自己的思维导图。

学习思维导图的过程中，一旦我们掌握了思维导图的绘制技巧以及所运用的思维技巧，我们就可以触类旁通，获得属于自己的思考方式，以此提升自己的思考力。

其实在我们的日常生活中，杰出的人与一般的人之间的差距其实是微乎其微的。例如，在田径运动场上，那些顶尖的运动员之间的差距往往只有几分之一秒或者百分之几秒。这种情况在人类的大脑思考力训练中也同样存在，人与人之间的思维差距往往相差无几，但就是那一点不同就使得其结果差之千里。牛顿曾经说过，他是站在巨人的肩膀上才获得成功的。在他进行研究之前，也是大量地借鉴了前人的学术成就与结果，并且在此基础上加入了一些自己的思维，最终成为科学巨匠。

同时，模仿他人的思维导图会让前期的学习更加轻松快捷一些。因为作为导图的初学者，对于导图的基本形式以及应用方式都比较陌生，多模仿他

第7章
"三、六、八"归"一",手把手教你画图

在日常生活中,为什么我们总是会出现眼高手低的现象呢?那就是因为大多数人总是喜欢将自己的计划浮在表面上,而不是落到实处。这样,即使是很有天赋的人,他的能力也永远无法完全发挥出来,自我价值也永远无法体现。

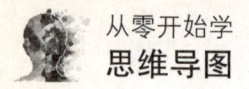

7.1 首先学会模仿

学习绘制思维导图时，首先学会模仿是很重要的。因为思维导图的学习需要很长的一段过程，初期，我们应该尽量模仿一些他人绘制的好的思维导图，学习其思考、分析的方法以及绘制技巧。

这里说的模仿是通过对他人长处的借鉴，形成独特的自我意识思维。对于思维导图的模仿，我们应借鉴他人思维导图中所表现的形式以及其思维过程。

有很多思维缜密且表达清晰的思维导图样板，通过模仿别人身上的优点，我们就可以将别人思维中的闪光点应用到自己的身上，让我们能更有意识地对自己的思维关键点进行筛选，这样我们不但能够提高对中心问题思维的专注性，还能够更好地绘制属于自己的思维导图。

学习思维导图的过程中，一旦我们掌握了思维导图的绘制技巧以及所运用的思维技巧，我们就可以触类旁通，获得属于自己的思考方式，以此提升自己的思考力。

其实在我们的日常生活中，杰出的人与一般的人之间的差距其实是微乎其微的。例如，在田径运动场上，那些顶尖的运动员之间的差距往往只有几分之一秒或者百分之几秒。这种情况在人类的大脑思考力训练中也同样存在，人与人之间的思维差距往往相差无几，但就是那一点不同就使得其结果差之千里。牛顿曾经说过，他是站在巨人的肩膀上才获得成功的。在他进行研究之前，也是大量地借鉴了前人的学术成就与结果，并且在此基础上加入了一些自己的思维，最终成为科学巨匠。

同时，模仿他人的思维导图会让前期的学习更加轻松快捷一些。因为作为导图的初学者，对于导图的基本形式以及应用方式都比较陌生，多模仿他人的方式绘制导图,也不失为一种讨巧的学习方式。当你模仿了大量的思维导图,并且对于思维导图以及大脑的思考方式有了一定的了解之后,你就可以举一反三,确定自己的思考方法了。

对其他人绘制的导图进行模仿学习,可以分析出他人导图中的长处和缺点,同时意识到自己思维当中的缺陷以及需要改进的地方。

模仿学习他人的思维导图能够使你更加熟练地掌握绘制导图的技能以及思考过程,通过模仿一些表现形式好的思维导图,能够找到一种更加适合自身以及所要思考的问题中心的办法。

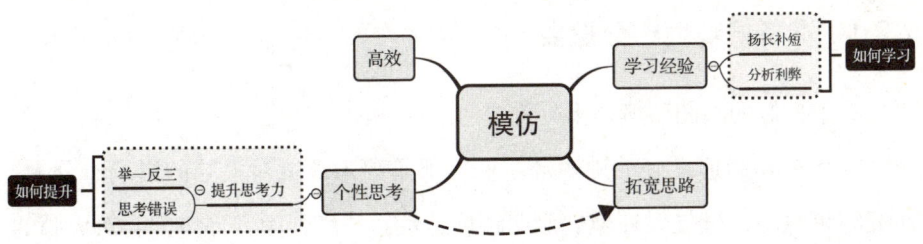

模仿思维导图绘制,同时也是激活自身思维方式的内在机能的一种方式。因为有些时候,只是单独学习思维导图,你可能会意识不到自己拥有资源的匮乏,也可能不会意识到自己思维发散的浅薄。这时,学习模仿他人的思维导图,可以更加有效地拓宽自身的思路。

学习绘制思维导图的初期,我们往往会不知道自己需要思考一些什么问题,可能我们没有办法控制自己发散的思路,更多时候我们的思路是混乱且没有条理的。那么,对他人导图的模仿,可以使自己开始注意自己的思维习惯。

模仿导图绘制,还可以引发高质量的反馈,因为大多数时候我们绘制思维导图的过程是"单打独斗"的,而通过模仿他人的思考行为,我们能够将一些新鲜的思维方式反馈给自己,既简单又有效。与此同时,模仿学习他人的思维导图可以从个人的学习以及思维的独特需求出发,引发自己大脑独一

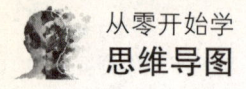

无二的思考方式。

只有在模仿中学会了思维导图绘制中应该掌握的技巧以及思维方式,你才能从中获取经验,也就能够绘制一幅完美的思维导图。

7.2 思维导图的绘制要诀

在绘制思维导图的过程中要注意的问题有哪些呢?

7.2.1 准备好环境十分重要

一个良好的绘图环境是十分重要的。

为什么要制造良好的周边环境呢?那是因为环境对人脑的影响十分大。研究结果表明,微气候环境、照明环境、色彩环境、噪音环境都会对大脑的思维敏捷程度有着不同的影响。

周围的环境可以很大程度地影响你的思维是否清晰,良好的思考氛围就可以使你的思路变得清晰流畅,想法也会更加积极向上。而混乱嘈杂的环境,会让你的思路变得同样混乱,想法也会变得消极。

良好的环境可以使自己的思维进入良好的思考状态。保证自己周遭环境的整洁与清新,让你在绘制思维导图的过程不会被外界环境分散自己的注意力。在绘制思维导图的过程中,让自己的大脑保持在舒适的环境下,对于思维的发散与创新都具有十分有效的效果。

7.2.2 动手画图从纸开始,使用合适的纸笔

"千里之行,始于足下""万事开头难"这些俗语都告诉我们,做一件事最难的地方就在于起步。绘制思维导图也是如此。当你刚开始入门绘制思维导图时,你可能会一边看着这本书一边在一旁随手画图。这当然没有问题,

但我还是要说，选对一张纸是至关重要的。

人的思维是发散的，但在成长过程中，我们接收到了太多的"规矩"，正是这些限制我们思维的规矩让我们习惯性地进行线性思考，亦或者说我们的思维被限制在了条条框框之中。

在学习、工作中，你是否购买过笔记本？那么回忆一下，当你使用笔记本记录时，是否会严格按照笔记本上所提供的横格书写呢？我想很多人的答案都是肯定的，即使不会严格地按照横格书写，想必也是被限定在某一个区域里了。

不要让自己的思维被线性的横格本禁锢，思维导图就是为了捕捉你的那些突如其来的灵感。千万别把自己的思绪框起来，那么就准备一张纯白色的纸吧。每个人都是一张白纸，需要不断地扩充，让自己这张白纸充实起来。你的思维导图也是一样，选择一张没有格线的白纸，最初的规格一定不要太小，因为你也不知道自己的思绪会飞往何处，尽量让纸张的朝向顺着眼睛阅读的方向，也就是横向。准备好纸张，然后开始发散思维吧。

7.2.3 让曲线呈现自己的放射思维

人的大脑思维是呈放射状的，很多人被规矩束缚，习惯于线性思考，那么就让我们恢复本性的思考方式，延伸自己的思维。

中央图像会引发大脑产生相关的联想，当你画思维导图时，就要遵循大脑给出的层级。

你的线条也应该是具有延伸性的分支。直线看起来就比较死板，而且当你再回忆自己的导图时，直线会让你产生烦躁的感觉。每个人都喜欢欣赏拥有曲线身材的美女，你的大脑已经作出了选择，比起直线来说，它更喜欢曲线。那就用曲线来绘制你的思维导图分支，让主要枝干下的二级分支和三级分支拥有不一样的弧度以及粗细度。

要注意的是，你所画的分支要配合你的文字，在长度上和对应文字的长

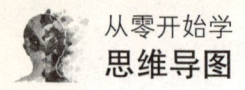

度一致。当文字和线条长度一致的时候,你的思维导图就会呈现出十分清晰的条理性,再看起来的时候便不会觉得单调乏味了。

画出流畅优美的线条,还是需要你在日后的绘图中不断练习,多多参考其他人的思维导图模板也是十分有效的方式。

7.2.4 要学会图形和词汇结合运用,突出关键词

思维导图的分支和单词的规则名为"一分支一词语",就是说一条线对应一个词。这一点听起来仿佛十分简单,但对于初学者来说,实践起来有难度,因为更多时候你会觉得有些东西似乎是应该在同一条线上的,所以在刚开始绘制思维导图的时候可以稍微放宽要求。

一个单词在不同的分支中可以重复出现,多使用几次没有关系。在不同分支上的词语也没有硬性的排序要求,绘制思维导图的初期不要对自己过分严格。

当然,词汇的书写也是需要有笔画粗细之分的。你可以将一些重点词汇的笔画适当加粗,以便在下一次看到自己的思维导图时可以迅速地找到有用的词汇。

思维导图看似很分散,似乎用于分解某些中心主题更为合适。但其实思维导图不仅利于分解,它还可以用于发掘每个要素之间的关联。

在中心图像下,思维导图每进行一次分支都是一次思维联想、拓展的开始,而在思绪飞扬的过程中,可能会有大量的、各种各样的词汇从脑海中冒出来,那你就一定要做好想到什么就全都写下来的准备。

7.3 色彩是个好东西

颜色真的是一种很神奇的东西,人对色彩的敏感度非常强,将不同的颜

色应用到绘制思维导图的过程中就是再合适不过的了。

色彩是加强记忆和提高创造力最有效的工具之一,对人的大脑来说,色彩是一种对于深化记忆极其有利的工具。在颜色的帮助下,你可以加强自己的思维能力,加深对颜色的记忆度的同时也是加深用色彩突出的关键词的记忆深度,提高记忆能力。不仅如此,颜色可以增强大脑的创造力,比起单一的颜色而言,实验表明彩色更加有助于发散思维。

使用颜色原则非常简单,那就是尽可能地五颜六色,你可以根据自己喜欢的颜色进行填图,漂亮的颜色也可以改善情绪,让自己的兴致变得更高,更加有利于积极乐观地分析问题。

7.3.1 四色原则

在刚开始学习绘制思维导图时,可以尝试从少用几种颜色起步,在这里提供的四色法就是其中较为容易的方法。

一项研究调查表明,红蓝绿黄这四种颜色能够帮助人们的大脑更加深刻并且有效率地记住记录在纸上的文字内容或者事物。因此,有专家提出了"四色右脑记忆法",表明这四种颜色在开发右脑上也很有作用。这项方法对于需要长期、大量记忆以及需要理解、归纳整理试题的学生来说,是一种更为系统化的记忆方法。

什么是四色右脑记忆法呢?指的是指用蓝、黄、绿、红四种颜色的笔来记录知识内容,通过这四种颜色再配合心理学上各记忆阶段的特点,从而达到高效、快速地记忆需要记忆的内容的方法。

从目前的研究上来说,使用蓝色墨水是强化记忆、整理思路的第一步,因为蓝色在心理学上是连接色,相反的,断绝连接的时候就常常用黑色。现代人已经在不自觉间形成"互相连接的颜色就是蓝色"的认知。将这样的认知应用于思维导图的学习中,就是用蓝色表示和中心问题连结起来的关键点,两者之间的连接线同样用蓝色表示,而一些备注或者无关紧要的内容则

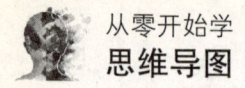

可以用黑色的笔进行记录。

就像这样将这四种颜色赋予不同的用途，可以使得我们的思维导图条理上更加清晰。如果只运用黑色笔进行绘制，那么当我们再次看到这张思维导图时，就会无法马上找到导图的重点内容，也就更不便于记忆。

在思维导图中应用不同的颜色，也符合大脑对于色彩的感知要强于黑白文字的特点，通过不同颜色的记录方式，使绘制出的思维导图主次更加清晰，思路也会更加明了。

Step1→用红色：思维导图中红色的突出可以使人一眼就注意到，因此可以用红色标注一些较为重要的关键点，而这样的关键点往往是使人一目了然的，而且也是绘图者已经有了较为深入的了解、又十分重要的内容。

Step2→用绿色：在思维导图的绘制中，往往会产生一些灵感，一些新的关键词会在脑海中闪现，那么绿色就可以用来记录那些在头脑中闪现的、认识较为模糊的内容，因为绿色会使人心情愉悦，当我们在对未知的问题进行思考时，绿色会有利于增强我们大脑对问题的好奇心与耐心。

Step3→用黄色：在思维导图的绘制过程中，黄色可以用来表示那些有一些印象但是并不十分清晰的内容。

Step4→用蓝色：在思维导图的绘制中，蓝色就正如上面所提到的一样，可以用来表示连接，同时，蓝色还可以用来备注那些大脑并不了解的内容。

颜色的选择，本质上并没有过多的要求，只是在绘制导图中要学会将色彩组织化，将一类或者一级关键词用同一种颜色进行表示，这样，更加有助于增强记忆的逻辑性。

在思维导图绘制的过程中，运用之前分析的一些记忆法则以及不同的记忆阶段理论，运用这四种颜色对我们的导图关键点以及连接进行标注，并且按照一定的顺序进行记忆，可以将我们的大脑思考力以及记忆力发挥到极致，并且达到大脑思维的高效化，同时，对于思维导图的记忆会更加深刻。

学会运用不同的颜色进行记录，这也是打开右脑记忆法的第一步。

7.3.2 思维导图与艺术性

人类的思维本来就是发散的、多维的，单纯的线性思维模式不能发挥大脑的潜能，制约了人的思维水平。思维导图是一种发散性的可视图表，运用曲线、符号、词汇、色彩以及图片，引导我们的思维向发散性思维和多维的方向迈进。

思维导图模仿和重复了大脑本身的思维方式，并在此过程中进一步强化和放大了发散性思维的功能，使我们的思维能力变得更加强大。

在思维导图的绘制中，我们的艺术感还会逐渐得到培养，通过不断的思维导图绘制训练，实现导图的艺术性。

我们在学习思维导图时不能够以一种很随便的态度去对待导图，而是要以一种艺术创作的心态来对导图进行绘制。人都有追求美感的自然倾向。当我们以专注的精神、丰富的联想绘制思维导图，把它绘制得色彩丰富、引人注目，无异于一种艺术创作。

我们要打破思维障碍，展开丰富联想。思维导图就是一种创作，帮助我们解放思想，以更广阔的视野和深度的思维来看待事物。在初学绘制思维导图时，初学者思维比较局限，不敢展开想象，害怕与别人绘制得不一样。这样的担心是多余的。每个人对事物都有自己不同的见解，不能要求大家千篇一律。你的联想与众不同，恰恰显示了大脑的无限潜能，我们每个人都是有创造力的。那些你自己独有而别人没有的想法，如同珍珠、宝石般稀有，值得你去深入挖掘。

绘制导图要采用多种元素，调动全脑思维。在绘制思维导图的时候，你要充分调动大脑的机能，尽可能多地运用词汇、图像、数字、逻辑、节奏、颜色以及空间感，多维立体地深度表现主题。图像中包含色彩、外形、线条、维度、质地、视觉节奏等元素，这就动用到了大量的大脑技能。色彩可

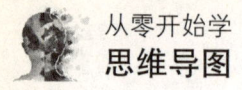

以使思维导图更加美观,增加了吸引力,刺激你动用更多的脑细胞工作,加深你的记忆,增强创造力。

一幅好的思维导图能够给人留下深刻的印象,增强记忆力和创造力,给人以美的感觉。

7.4 你的脑海中有一个苹果

我们刚开始学习绘制思维导图时,切忌思考一些十分庞大的内容,因为我们的大脑思维也是有局限性的,当你在思考一个十分庞大的主题时,你的注意力会很大程度地被吸引,因此在绘制导图时思路可能不会那么集中。初期,我们可以先从一些简单的问题开始慢慢发散自己的思维,比如,首先想象自己的脑海中有一个苹果。

你也可以想象成其他的水果或者东西,但一定要是你熟悉的东西。

7.4.1 第一步,将你的"苹果"写在白纸你认为最显眼的位置

这里以苹果为例,在练习思维导图的过程中,可以尝试着不要发散得过于深入,以防止自己的思路被打乱,只要先思考一层逻辑即可。

既然脑海中已经有了一个苹果,那么下一步又应该做什么呢?落实到手头上才是思维导图最核心的。

"千里之行,始于足下""万事开头难",这些俗语都告诉我们,做一件事最难的地方就在于起步。绘制思维导图也是如此。那么,现在就开始绘制一幅自己的思维导图吧!第一步,将你的"苹果"在纸上尽可能地突出。

7.4.2 第二步,将一闪而过的想法都用单词、短语的形式写在纸上

当你的白纸上有一个"苹果"之后,你一定会对这个"苹果"有无数的

想法，可能它们之间有直接的联系，也有可能没有必然的联系，总之，先将一闪而过的想法全部都记录下来。

在记录关键词的过程当中要注意"一词一线"的原则，尽可能地将能够想到的关键词全部记录下来。

在第一次绘制思维导图时，可能会出现关键词无法选择的情况，那么一个关键词可以在不同的分支中重复出现，多使用几次没有关系。在不同分支上的词语也没有硬性的排序要求，绘制思维导图的初期不要对自己过分严格。

当然，词语笔画的书写也是需要有粗细之分的。你可以将一些重点的词汇适当地加粗，以便在下一次再看到思维导图时可以迅速地找到。

7.4.3 第三步，让思维"层次化"

初期学习绘制思维导图时，我们极有可能无法完全集中思路在中心主题上，白纸上的关键词也极有可能是东拼西凑杂乱无章的，在不断地联系后，我们要有意识地剔除不必要的思维，要将自己的关键词有序地进行排列。

层次化的规则可以分为"分层"和"排序"两部分。

在生物学中，生物这条分支下又可以分出动物和植物，而在植物的分支下又可以进一步分出杨树、柳树等比较具体的名称，这种用线条依次连接的状态就叫做分层。

还以植物为例，你可能会有喜欢的花朵与不是那么喜欢的花朵。当你在绘制自己的思维导图时，你的大脑会更加倾向于将这些闪过的花朵按照喜好进行排序，或者是按照其他的规律进行排序，这样的表现形式就是排序。

分层的规则比较困难，作为初学者，在绘制思维导图的时候总是抓不到思维中的重点。那么先不管这些一闪而过的念头能不能用上，先把你能够想到的所有词语全部记下来，总结之后进行筛选，然后再完善思维导图。分层

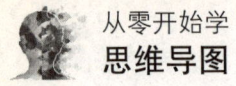

会随着我们的知识深度和兴趣点而慢慢发生变化,一旦你适应了分层思考方式,在思考创意的时候自然就会更加地有层次感了。

排序的规则就比较容易掌握,因为这是有一定逻辑规律的,更多地倾向于你自己大脑的喜好,排序本身也就是指按照某种规律重新排列。

当绘制思维导图成为习惯,而你已经熟练掌握之后,你就会画出一幅整齐利落、各居其位的思维导图。而这幅图想必也完美地实现了"层次化"。

第7章
"三、六、八"归"一",手把手教你画图

在自己的脑海中确定一个中心主题 → 根据这个中心主题思考关键词(如果不确定是否有用可以先写在一旁) → 为你的主题制作一个中心图像 → 将发散的关键词进行排序、分类 → 用"S"型线条将关键词与中心主题连接起来 → 继续完善思维导图 → 修改分析完成的思维导图。

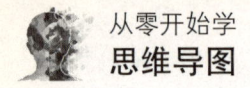

7.5 思维导图绘制的误区

在初学思维导图时,我们往往会陷入一些小误区,而这些误区可能会导致我们对思维导图的兴趣降低。

7.5.1 思维导图绘制误区一

在绘制思维导图过程中,很多初学者进入的最大误区就是,觉得不会画精美的插画就学不好思维导图。

你会看到很多绘制精美的思维导图,刚开始接触的你可能会觉得"我没有学过画画,也画不了那么好看"。没关系,你的中心图像并不一定需要画得那么"高大上"。

中心图像不需要一定是一张十分漂亮的"画"。思维导图最重要、最醒目的部分是位于中央的中心图像,但你的思维导图是画给自己的,而不是拿出去给其他人观赏的。

因此,你需要解决的问题就是要把中心图像画得自己明白,并且足够醒目。

千万不要在绘制中心图像上耗费过多的时间,你的目标就是让它突出而已。科学研究表明,让右脑活跃起来需要一定的时间,而这个时间大约是五分钟,因此,绘制中心图像的时间大约也在五分钟之内即可。

7.5.2 思维导图绘制误区二

单纯认为"乱"的思维导图毫无用处。

很多时候,我们看到一幅思维导图时总会感到无比头疼,因为看起来似乎乱了一些。你可能会认为这样的导图是没有作用的,其实是你没有意识到这样的导图为什么看起来比较"乱"。

绘制思维导图时大脑思维比较发散，因为捕捉的内容较多，有时会出现分支复杂的情况，但是这里说的乱是另一种形式。一些内容丰富的思维导图会让人迷惑的原因并不是画得"差"，而是单纯的内容混乱。这也同时反映了绘图者的思维状态，混乱的思维导图往往表现出思维的混乱，条理极其不清晰，这样的思维导图呈现出来也就是杂乱无章的。绘制这样的思维导图根本就无法实现绘图的初衷，反而会让原本就杂乱的思绪变得更加不清晰。

遇到这样的情况时，不要对绘制思维导图丧失信心，因为绘制思维导图是需要长期训练的，在一开始绘制导图时，你的思路也许会经常被打断，也许你想的很多关键词都与中心主题相差甚远。首先把一闪而过的想法写下来是十分重要的，在绘制思维导图时要将这些想法进行整理，筛出一些贴合主题的中心关键词，屏蔽一些没有用处的关键词。经过这样反复的练习，思维导图才会逐渐完善，我们的思路也会更加清晰起来。

7.5.3 思维导图绘制误区三

绘制思维导图第三个误区是，在绘制思维导图的过程中添加负面的想法。

绘制思维导图的时候，闪过脑海中的想法都是无法预知的，我们应该注意的是，思维导图是保留下来作为思路参考的，因此，我们要避免在导图中留下那些负面的词组。

例如，在绘制日常生活的导图中，有时我们会写下"最糟糕的一天"这样一个负面的短语。在关键词中添加入负面的词汇，如"不""坏""糟糕"这样的带有否定意味的词语，会给人以精神压力。当你在看到负面词汇的时候，你的潜意识就会将这件事情定义成为错误的事情，无论你在思维导图中写了些什么内容，你的脑海中也会形成否定的意识，这样是极其不利于人的健康思考的。

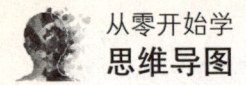

7.6 思维导图的三种用法

我们学习了思维导图之后,思维导图究竟能够为我们做些什么呢?我想这是读者们最关注的问题。

其实思维导图的用处十分广泛,在国外的儿童教育中,老师会大量地运用思维导图开拓孩子的思维,在企业或一些创意型公司中,思维导图又可以用在头脑风暴中。

思维导图可以应用在很多方面,但传统的思维导图定义列举出了三种常见的思维导图用法。

7.6.1 在思考的过程中提取关键词

思维导图作为一种将大脑思维具现化的科学工具,其重要用途就是从要分析的中心问题进行发散,然后根据大脑的发散思维将所想到的关键词全部记录下来。

绘制思维导图可以将关键词进行筛选与提取,运用了左右脑相结合的思维方式,选择最有效、最贴合中心主题的关键词作为节点进行下一步发散。

这种方式有助于培养我们大脑的专注性以及创新意识,可以有效地提高我们的思考力,并且可以帮助我们将思维的主题以及关键词的分级关系更加完整详细地展示出来。

7.6.2 对信息或者事物进行逻辑性分析与发散

逻辑性思维分析决策,是指利用思维导图,对混乱的资料信息进行逻辑分析,得出结论或作出决策。

这种方法不同于传统的用笔记本记录的方法，而是将所想到的关键词全部都展示出来，并且与中心主题进行联系，更利于展示信息的全貌，使思维更加侧重于信息的分析，对于已经获取的信息进行筛选与分析，最终与中心主题进行联系，总结出与之对应的观点或者结论。

思维导图的这种特性常常被用于作决策或者对问题进行分析。例如，当我们在阅读一篇结构较为松散的文章时，运用思维导图将各个段落中的内容进行逻辑分析，可以清晰快速地找到文章的中心思想。亦或当我们需要对某件事情作出抉择时，可以利用思维导图将这件事情的各种优缺点一并列举出来，通过导图工具了解事情中的各种关键节点对整件事的关键程度，这种决策、分析方式对个人的实际生活与工作很有帮助，借助思维导图可以帮助我们更加清楚地了解和正视自己。明确了一件事情的关键部分和影响问题的主客观因素，有助于深层次地反映出自己的大脑思维情况。

不仅如此，思维导图可以帮我们捕捉到很多一般情况下容易被忽视的大脑思绪，而那些被忽视的关键点往往就是我们的思维突破创新的关键。

如果说关键词信息提取法考验的是按图索骥过程中的速度与细心，那么逻辑分析决策法考验的就是对外物和自我的分析，思维导图则是将两者结合运用的工具。

7.6.3 进行头脑风暴

思维导图因其独特的呈现形式，被很多企业或者学校运用到了头脑风暴中。思维导图就像其创始人东尼·博赞先生所倡导的那样，是一个表现大脑思考从0到1的过程，通过不断地发散思维使大脑活跃度提升，是一种实现思维创造性突破的方式。

头脑风暴运用思维导图，借助导图绘制的灵活性，在导图的中间画上目的关键词的图像，在图像周边，将自己能想到的与关键词相关的词语都写上去，不考虑是否符合逻辑，也不考虑是否具有可行性，尽管写下来，并将

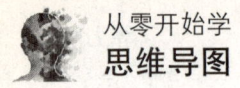

这些词以各种角度延伸或彼此间建立联系,直到将最符合主题的思路完整展现,就算是一个头脑风暴的结束。

头脑风暴也是对大脑的创造性思维提升最为有效的训练方式之一,借助思维导图工具,对大脑中的信息进行简单粗暴的提取,对大脑中的思维进行分析总结,让创造力从无到有,实现大脑思考力的从 0 到 1。

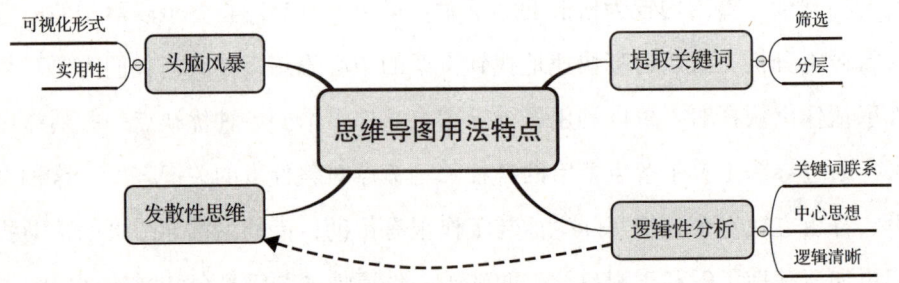

以上三种思维导图的用法,基本涵盖了我们学习、工作和生活的方方面面,不仅能帮助我们快速理清思路,更能激活我们的大脑,很多人都使用它来做笔记、做计划、作决策等。

在接下来的章节中,就将要具体介绍思维导图的应用领域。

Part3
别担心，这些事情思维导图帮你一次搞定

第 8 章
变繁琐为轻松,思维导图带你高效学习

思维导图教的不仅仅是一种学习的方法,更重要的它让我们掌握一种终生受益的思维工具。它教会我们一种面对挑战时如何从不同的层面和不同的角度思考问题、解决问题的思维方式。我们可以把它应用到学习与生活中的各个方面。

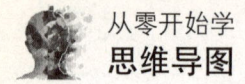

8.1　思维导图与学习

根据思维导图创始人东尼·博赞的介绍，在思维导图发展初期，其最大的作用就是在教育当中提高孩子的学习成绩。

用在孩子的学习教育当中，思维导图可以十分显著地提高孩子的学习成绩。因为不管是哪一种形式或层面的学习，不论学习什么样的功课，都需要把学习的内容放入我们的大脑进行存储与提取。如果学习的内容在放入大脑之前先进行加工处理，让它适合大脑的记忆和存储模式，那么我们的大脑在工作时效率会更好，学习效果会更好。

自人们接受学校的教育以来，在阅读或学习过程中，为了记住学习内容，养成了按顺序做笔记的习惯。然而我们很少意识到的一点是这种传统的记笔记方法存在着非常致命的弱点。

东尼·博赞在经过长期的研究和实践后，明确而深刻地对传统笔记法的弊端作出了简明而精辟的阐述。传统笔记法埋没了关键词的重要作用。这种方式只是将对知识的解析全盘写下，导致对关键词的掌握十分不够。传统笔记法很容易将关键知识点淹没在一大堆相关且不重要的词汇当中，因此会阻碍大脑在各个关键词之间作出恰当的联想。

传统笔记法的最大问题就在于不利于大脑进行记忆，因为在这种笔记中，往往都是大量的语句堆砌，单调的笔记往往看起来十分枯燥无味，在要点又极其相似的时候，会使大脑处于一种疲惫状态，让自己的意识抵触甚至拒绝吸收信息。

传统笔记法在记忆上非常浪费时间，我们会被要求记录下一些完全不必要的内容，在复习的过程中，我们还要阅读一些不必要读的材料，这样，我们在复习时就无法准确快速地找到关键词，也就没有办法通过关键词进行二次联想。

传统笔记法较为线性且单一，不能够有效地刺激大脑的思考，线性的表达方式会很大程度地限制大脑作出联想，因此对于创造性和记忆造成消解效果，从而抑制了我们的大脑思维过程，也就更加难以创新。

那么，和传统笔记法相比，思维导图对我们的记忆和学习又产生了哪些关键性的作用呢？

（1）思维导图运用记忆关键词的方式，可以将记忆时间节省50%～95%。

（2）在思维导图的学习应用当中，只需要读相关的词，可节省90%的时间。

（3）当我们复习思维导图时，相比普通的线性笔记，可以节约大约90%的时间。

（4）传统笔记法将各种知识点全部都堆叠在一起，而思维导图借助思维脉络，使我们不必在不需要的词汇中去找关键词，比传统笔记法节省了90%的时间。

（5）思维导图的方式提供了一个十分明显的中心问题，这种方式将会有助于我们将精力集中在真正的问题上，而不会因为我们思维的活跃性而走神。

（6）传统笔记法无法有效地提炼关键词，而思维导图的发散形式在不同的分支上提供了各个节点以表示重要的关键词，并且用夸张醒目的方式让关键词更加显眼，通过这种方式加强了我们思维的活性，以及对关键点的记忆深度。

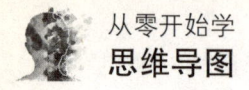

8.2　思维导图助你读书

思维导图提供了一种灵活的思考方式，这种方式可以应用到各个领域当中，其中用思维导图来制作一本书籍的阅读脉络是很常见的。那么用思维导图方式作出一本书的梗概，又有哪些要求呢？

首先，如果想要用思维导图的形式表示一本书的全貌，要选择一张足够大的纸来对书中的关键情节或者内容进行记录。用思维导图绘制图书梗概也并不是十分随意的过程，在绘制思维导图中要不断地进行修改，所以准备的纸或者空间要足够大，以便不断地加入或者删去其中的一些关键点内容。

如果说只是想要将书中的流程用简单的方式表达出来，那么思维导图从形式上来说并不需要十分花哨，导图的本质就是要让使用者能够清楚明确地知道自己所要了解的问题重点，精致并不是其最重要的因素。尤其是在绘制读书的思维导图过程中，重点是整理出书中章节以及关键词，花哨的形式只是其次。

8.2.1　绘制阶段

当我们在绘制读书类型的思维导图时，是从一开始读书就下笔进行思维导图绘制吗？并不是这样的。

那么我们应该读到哪个阶段开始思维导图的绘制呢？

在前文讲过了思维导图绘制是需要俯瞰全局的，也就是说在绘制前就应该已经对所要了解的问题有了一定的了解。绘制读书导图的时候也是如此，想要完全理清一本书的脉络并且绘制思维导图，则需要至少通读一遍这本书。先把书的全部内容读一遍，对于书籍的主要内容以及整体框架都有了了解，并且知道书中想要讨论或者表达的主要思想究竟是什么。

然后，在进行第二遍或第三遍阅读的过程中就可以开始着手进行思维导图的绘制了。

在运用思维导图对于书籍进行脉络分析时，对于导图所要呈现的内容也需要作出选择，是需要绘制较为侧重梳理书籍大纲的导图，还是记录书中知识要点的导图，或者是要记录自己的读书读后感的导图。根据所阅读的书籍种类不同，以及需要记忆的具体内容不同，我们可以选择不同的中心问题，从不同的角度对于中心问题展开发散分析。

绘制读书类型的思维导图时，在书中看到比较关键的内容点时，就要将其放进思维导图中。在绘制初期，对于关键点的把控可能不是非常地熟练，那么就可以尝试将自己认为重要的点全部放进思维导图中去，在最后对思维导图进行总结的时候，重新对关键词进行筛选和进行大纲梳理，按照自己对于书籍的理解重新对导图进行调整。

对于书中的精彩内容或者是极其重要的关键点，可以添加到思维导图中作为备注分支，在最后对思维导图进行整理的时候，再进行更加深入的联想与整理。

8.2.2 绘制步骤

那么，在这里我们将会给出一个运用思维导图读书的步骤，并且提供一个模板，可以使你很好地理解运用思维导图帮助阅读的好处。当然，具体的实践操作还是需要靠自己在练习中摸索，步骤也只是提供了一种思路，并不是需要绝对遵守的。

首先，绘制思维导图之前要将书中所有的要点都分别列出来。在学习思维导图的初期，对于关键点的掌握往往达不到精确，可以尝试着将所有你认为重要的部分都列举出来。

其次，要根据自己对于书本的理解，将所筛选出的关键点进行分类以及筛选，从中找出围绕贴近中心问题的主要关键词，并且对关键词进行要点的整合和调整。在绘制思维导图时，关键词往往是分散的，我们就要适当地对写下的关键词进行初步的分类整理。

对关键词进行了初步的整理和分类之后，再将整理出来的关键点进行筛选，只有反复地阅读书籍，了解书中的主要信息以及关键转折点，才可以作出有效的筛选。

在绘制图书类的思维导图时，可以将这个导图按照7W3H的方式重新进行分析，这样可以有助于理清问题的思路，有利于提高导图的逻辑性和全面性。

最后，在思维导图绘制结束后，要整体复习一遍思维导图全貌以加深印象，并且随时对思维导图的内容进行补充和扩展，在阅读和绘制当中不断地反思关键点，并且进行二次联想，完成导图的思维脉络积累。

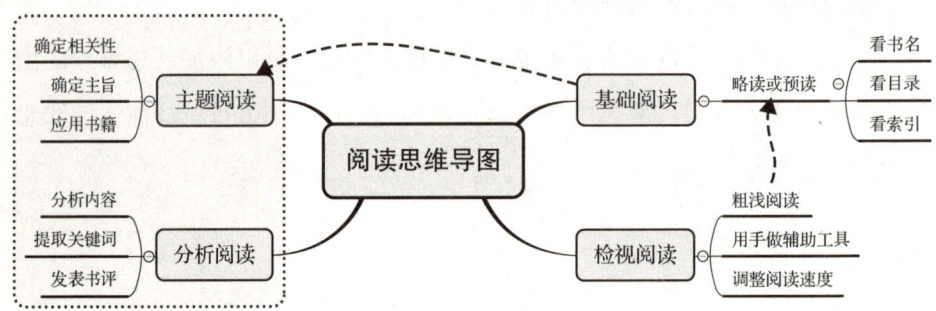

同一本书的思维导图不应该只局限于一种版本，而是可以适当地对一本书进行多种版本的绘制，这样更有利于对书的内容的理解。

8.2.3 导图绘制小疑点

手绘还是其他方式绘制？

最初学习思维导绘制的过程中，尽量尝试用手写或者是手绘的方式进行绘制，因为手写的方式可以使我们更加了解自己的问题，同时可以加深大脑的记忆程度。

手绘导图和用软件制作思维导图各有各的优势。

在我们动手写下或者绘制的过程中，我们的大脑思维全程参与进去了，这可以极大程度地加深我们对于问题的印象，使大脑记忆得到加深，有助于我们对书的内容形成长期记忆。

第一，手绘是掌握思维导图的基础。不断地进行手绘练习，可以快速地在我们的大脑内部建立神经连接，慢慢培养一种放射性地全面思考问题的习惯和思维模式。手绘的线条会给大脑留下很深的轨迹，这些轨迹就是大脑内部的电脉冲信号的通道。如果是电脑绘图就不会有这样的效果，这是因为电脑绘图时，分支是自动添加的，我们大脑记忆的信号是添加分支和插入下一级分支而已。

第二，用电脑绘制思维导图的分支时，我们可以增加很多的分支，每一个分支都可以无限地延伸下去。而手绘会强迫我们做出总结和提炼，在一张纸有限的空间里面展示更多的信息，用更精练的文字将我们的思考内容表达清晰，只保留最关键最重要的信息在里面。

第三，在团队学习方面，手绘的过程是手脑并用的互动式过程，会让参与者有更多的思想碰撞。从而产生更多的创意，有更多的交流，对新的想法和创意的产生过程有更深刻的体验和感悟，人际关系会更加融洽，团队意识更强，成员之间也更有向心力和凝聚力。

第四，手绘能更好发挥大脑左脑和右脑的功能，让我们的大脑作出更多的尝试，无论是从线条的走向、图案的添加、颜色的运用，还是整体内容的布局，都会促使我们的大脑做出更多的创新性的思考，有利于大脑潜能的开发和运用。

第五，思维导图是大脑思维方式和思考内容最好的呈现方式之一，手绘会让我们的大脑有更多的思考，在不同的内容之间寻找和创造新的连接，而且手绘更符合大脑的思维和记忆模式。如果是手绘的内容，大脑的记忆会特别深刻，而用电脑绘制的图就没有这样特别明显的效果。

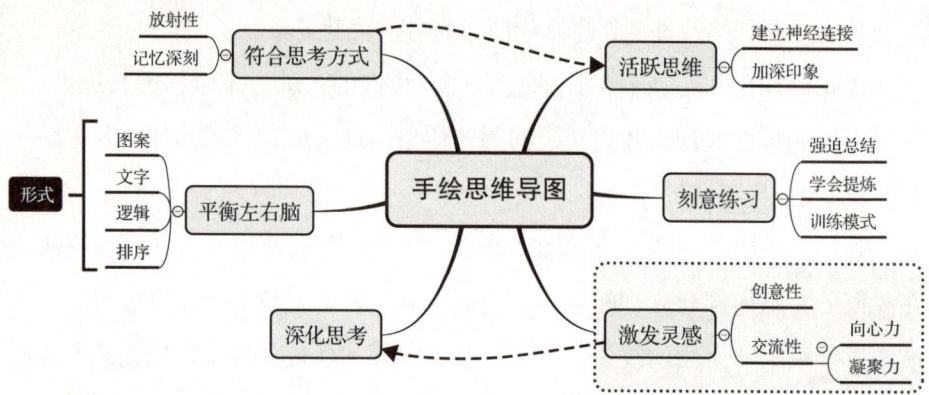

手绘内容对于思维导图引导阅读十分有好处，但同时也要看到，手绘思维导图毕竟会消耗一部分时间，有些时候我们并没有足够时间放在导图的绘制中，那么此时就可以选择运用软件，快速地绘制出一幅简单的思维导图。

运用软件绘制思维导图也有很多优势，在手机或者电脑上使用软件绘制思维导图，修改、整理和保存更方便。并且很多思维导图绘制软件提供了大量精致的图片，插入图片很方便，不会像手绘那样浪费不必要的时间。

绘制成型的思维导图应该如何保存？

当我们阅读完一本书并且为书本绘制了一幅思维导图之后，我们应该怎样对导图进行保存，这又是一个问题。是将画好的导图随意扔在桌上，还是夹在书本中，亦或者是塞到电脑的文件夹里？

其实保存思维导图的方式有很多，并且也是因人而异的。如果是手绘的思维导图，并且完成度很好，那么就可以在导图上贴上标签统一收藏在文件夹中，这样在之后想要复习的时候也会很方便快捷。如果使用电脑软件进行绘制，那么可以建立单独的文件夹，将读书思维导图全部放置在一个文件夹下，并且做好标记。

下次再看这本书之前，你会马上找以前画的思维导图来看吗？

当再次看这本书的时候，我们不应该直接拿出思维导图比对着进行阅读，一般在看以前看过的书的过程中，往往可以发现之前没有注意到的关键点，如果对照着思维导图读书，那么会被之前梳理出的关键词影响思维的联想。

当我们再次看完一整本书之后，可以找出相关的思维导图再进行复习，并且添加进新的思维以及关键点，这样就会更加有助于我们加深对这本书的印象与理解。

小总结

运用思维导图制作一个"读书笔记"，作用是帮助自己深入阅读，在完成思维导图笔记的过程中，整理归纳书的要点，梳理书中的整体框架。特别是在建立分支时，应该主要用短语和词，而不是句子。

这时就需要考虑这段话的关键是什么，怎样用更简练的词和短语表达出来。整理完书的要点之后，再从整体上来考虑全书的结构是否合理，按照对书内容的理解，从整体角度对内容进行重新排列组合，让这些内容更清晰、更有逻辑性。对于大多数的书而言，这样的步骤多重复几遍，会让你理解得更深入一些。

如果说阅读一两遍只能吸收书中内容的30%，那么做完思维导图笔记和其他笔记后就会达到50%，完成一个大的主题阅读之后会达到70%，再与其他人分享和实践才能达到90%以上。

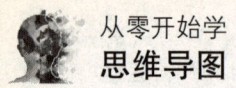

挑选一本近期读过的好书，为其做一张思维导图吧！

8.3 思维导图助你有效地构建知识体系

8.3.1 运用思维导图构建知识体系

运用思维导图进行学习的过程中,我们要知道如何运用思维导图构建属于自己的知识体系。

为什么我们要构建自己的知识体系呢?

有研究表明,没有知识体系的学习将会面临学习效率低下等问题。我们无法形成一套属于自己的完整知识体系,那么我们的学习将是漫无目的的,所学的内容将会是一盘散沙、不成体系。这也会导致我们在学习中无法将大脑中的知识举一反三、学以致用,我们所获取的内容也将会是杂乱无章的。

不成系统的学习只会使自己的大脑变得越发懒惰,没有了自己的思想就只会人云亦云,在学习中也会更加地懒散。

那么,什么是知识体系,知识体系又该如何构建呢?

8.3.2 知识体系

其实知识体系在我们的学习生活当中并不陌生,在很多方面我们都运用了知识体系,对于知识体系的解释,通俗一点来说就是将一些零散的、分散的、相对独立的知识概念或者是观点加以整合,使之形成具有一定联系的知识系统。

知识体系就像是一棵大树,其中每一条枝干和每一片树叶都是相对独立的,但是将它们联系在一起,就成为了一棵大树,也就是形成了一套完整的体系。

其实早在学生时期我们就已经对知识体系有所了解,最典型的例子就是那些辅导资料和教科书。很多教科书在每一个章节的末尾都会有一个小结,表达的形式可能有所不同,但是内容基本都是对于本章的知识点整合,这也就

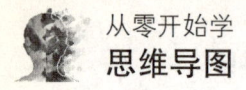

是最为常见的知识体系了。知识体系的原理以及内容我们或多或少都有所了解，但是真正要构建一套属于自己的知识体系，操作起来就不是那么容易的了。

现代社会，知识已经不再是以点状或者是线性的形式呈现，更多的是以树状甚至网状的形式呈现，想要构建自己的知识体系就更加困难了。

8.3.3 如何构建知识体系

构建属于自己的知识体大概分为以下几个步骤。

第一，我们要学会收集知识。在所有的学习中，收集知识都是大前提，只有不断地丰富我们自己大脑的知识储备，我们才有可能拥有足够多的内容来对自己的知识体系进行填充。当我们大脑的知识储备足够丰富，我们才能够对要分析的问题有更充分的了解，同时在思维发散的过程中思路也会更加开阔。

第二，我们要学习整理自己的知识。大脑的思维和潜能是无限的，但是我们的注意力或者记忆力都因人而异，在我们的脑海中潜藏着很多知识，我们要学会将这些知识进行分类整理，不能让所有知识混杂在一起。

第三，我们要学会存储自己的知识。人的记忆都分长期记忆和短期记忆，最理想的学习状态就是将我们学到的知识由短期记忆变成长期记忆，这就要求我们要不断地对学习的知识进行复习，并且用适当的方式记录下来，在这里我们运用到的就是思维导图这一工具。

在构建知识体系的过程中，最关键的地方就是当你大量地收集知识之后，要对其进行具体的分类。例如，具体是什么类型的知识，这个知识可以有哪些运用，其中的注意点又有哪些等。

不难看出，构建知识体系的过程几乎就是思维导图的绘制过程，这是因为思维导图本身就是大脑思维的体现，并且这种网状的关键点发散模式使我们运用思维导图工具构建知识体系会更加方便、明了。

知识体系的构建也可以分"点、线、面"几个阶段进行，运用思维导图就可以十分便捷地将自己的知识整理为体系。

知识体系单一概念（点）思维可视化

概念的形成过程即抽象过程，首先要把某一类属性定义出来或赋予名称，这样就形成了概念。

概念是构建知识体系的基本元素，也是人类大脑进行抽象思考的基础，是"脑工厂"重要的"原材料"，掌握知识首先学习概念，而"点"是构成图形的基本元素，所以我们将概念形象地表示为思维图示中的"点"。

学习概念必须要经过从具体到抽象的过程，在这里，我们仍旧以"苹果"这个常见且便于理解与联想的中心主题为例。当想要围绕"苹果"这个概念进行知识体系的构建时，首先需要认识苹果的形象，这是思维当中最直观的体现；其次是将脑海中苹果的形象与抽象的概念进行连接。如果我们在构建知识体系的过程当中脱离了具体形象，就很难再去理解和记忆一个抽象的概念，这也是构建知识体系的过程中，要运用可视化的方式将抽象的概念呈现出来的原因。

思维导图当中的关键词都是用一个一个的关键点表述的，可以运用词语、图像的方式呈现出来，这也是一个连续且抽象的过程。

在这里，我们可以选取桥形图的方式将这些"点"全部罗列出来。

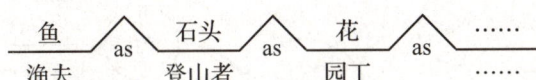

知识体系线性关系（线）思维可视化

当知识不再以独立概念的形式出现，而是由具有某种关系的多个概念组成时，仅凭对单一概念的理解已经无法清晰地解释或解决问题，因此我们需要将概念与概念之间的关系厘清。

运用思维导图对一件事物进行分析、判断以及推理，用的都是线性化的模式。而所谓的"线"就是指用某种关系将两个或两个以上的概念联系起来，形成一定的逻辑判断或者推理关系。

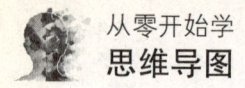

仍旧以苹果这个主题为例,从苹果对人的影响本身进行分析,形成一个线性的推理关系。

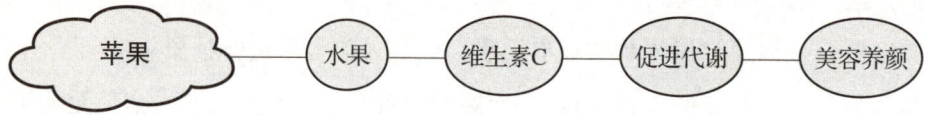

知识体系结构性(面)思维可视化

进行知识体系的构建,只是从点线进行分析远远是不够的,当由多个概念形成多重复杂的逻辑关系时,就需要我们会构建知识体系的"面"。

"点"是"线"的要素,"线"是编织"面"的构件,所以"知识面"其实是由"知识点"按逻辑关系编织成的"网"。构建知识网,需要能够将点线结合起来,运用思维导图的方式构建成网。

如何对"苹果"这一概念进行更加全面的思考呢?借助学科思维导图,便可从植物、营养、产品、文化等角度进行结构化发散思考,这样便构成了一张关于苹果的知识网络图。

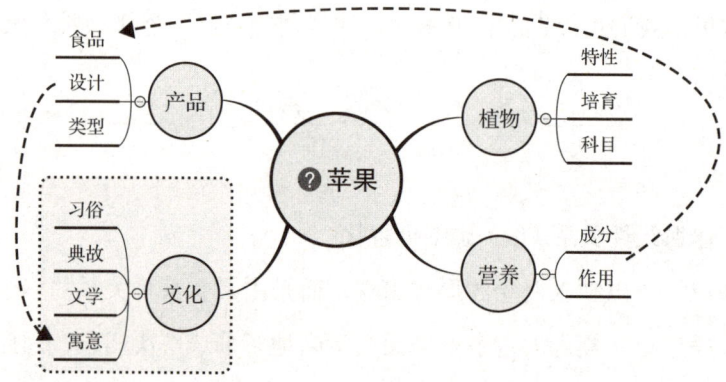

当我们掌握了知识的内在联系,便可借助学科思维导图将其呈现出来,实现思维的可视化。当多个这样结构化、流程化的知识网络建立起来并存入我们的大脑中时,大脑的信息处理效能便可大幅度提高。

第8章
变繁琐为轻松，思维导图带你高效学习

构建自己的读书知识体系思维导图
思路一：从文学史的进程来构建知识体系
思路二：按照作者的分类来构建知识体系
思路三：根据作品的类型来构建知识体系
思路四：按照自己的喜好来构建知识体系

8.3.4 归纳

很多人经常高估自己的记忆能力，认为书只要看看就好，完全没有必要做读书笔记，更没有必要做思维导图。心理学家发现我们在学习的时候，经常会陷入一种"我已经学会了"的错觉之中。

之所以会产生这样的一种错觉，是因为我们在学习的时候，承载着知识的载体——如书本、教室中的黑板、手中的 Pad 就在我们的眼前，即使忘了，我们只要偷瞄一眼，知识点就会浮现起来。但只要这些载体消失了，我们就会把知识点忘得一干二净。这也是为什么很多学生上课的时候，自己觉得自己什么都会，结果一到考试就溃不成军。

读书的时候做好读书笔记，在需要的时候，更要做好思维导图，在一定程度上可以让你避免产生"我已经学会了"的错觉。因为你做读书笔记时，你大脑中关于知识点的细胞连接，会被重新激活一次，从而加深你对知识点的理解。

构建属于自己的知识体系就更是如此，一方面可以避免将自己的知识遗忘；另一方面又可以构建自己的知识体系，让庞大的知识结构在脑海中变得清晰起来。

8.3.5 注意事项

在构建自己的知识系统过程中，需要注意的问题有以下两点。

其一，构建属于自己的知识体系应当是越早越好。因为在我们的学习成长过程当中，我们的知识储备是在不断丰富的，我们大脑潜能又是无穷无尽的，知识不断地得到积累，会让我们的知识整体变得十分复杂混乱。

越早构建属于自己的知识体系，就越能在我们的知识进化过程中不断地完善、总结自己的知识结构。运用思维导图不断地总结自己的知识，架构自己的知识体系，有助于大脑的思路清晰，并且可以使知识在大脑中形成长期记忆。

其二，构建自己的知识体系初期可能会十分困难，我们绝不应该放弃。因为知识体系的构建本身就是一件工作量较为庞大的工程，运用思维导图可以为整个过程提供方案。但是由于大脑的知识点是在不断地丰富并且进化的，要想建立细致完整的知识体系应当是一件长期的事情。

我们要知道的是，一旦我们建立起来属于自己的牢固的知识体系之后，这将是会使我们受益一生的，所绘制的那些思维导图也将会成为属于你的强大知识武器。

8.4 考试与思维导图

我们已经讲了很多思维导图的理论，真正运用到复习考试当中，又能够起到哪些效果呢？

8.4.1 使用思维导图来确认没有掌握的知识

在我们的学习过程中，可以尝试着运用思维导图，将教科书的每一个章节的知识都提炼出来并且制作成单独的导图，运用手绘或者是软件进行记录。

这种方式主要是能够将课本章节的主要内容和课堂中老师所讲的知识理论记录下来，并且随时可以添加个人的观点，将对知识点的延伸与联想都插入到思维导图中去。将这些重要的关键点按照章节以及重要程度汇总，或者是连接到一张思维导图当中去，使思维导图的内容丰富起来。

运用思维导图将一个章节的内容脉络梳理清晰之后，我们就可以从自己认为或者是老师提出的最为重要的章节开始进行记忆，并且可以按照自己的记忆将这一章的内容重新进行总结，要做到记录越详细越细致越好，在二次

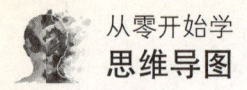

思考的过程中，我们可能会收获更多的思路。

完成了以上步骤之后，一定要记得对自己所取得的知识进行总结，看看自己究竟掌握了多少知识，同时，将两次甚至更多次制作的思维导图放在一起进行对比，分析哪些知识点是自己没有想到或者是比较薄弱的，那些没有完成和没有掌握的内容就是你需要进行重点复习的内容。

学习本身就是不断地重复查找漏洞的过程，不断地进行复习，直到自己在不需要任何帮助或者是提醒的情况之下，就可以将导图中的所有知识点全部想起来。

这就是运用思维导图来确认自己没有掌握的知识点的过程。

8.4.2　使用思维导图来快速复习

在运用思维导图进行学习的过程中，复习应该是重中之重，学习本身就应该重在复习应用，想要顺利通过考试，复习就更是必不可少的。

你可以做到的是，绘制出一幅思维导图之后，将这幅导图贴在床边或者是课桌前等一些每日生活学习常可以看见的地方，在每天早中晚还有学习中的休息时间都保证可以随时看到，并且浏览一遍。

复习用的思维导图不必很大，也不必很精致，而且其主要的分支最好在7个左右，最多不要超过9个为好，而且根据上面讲到过的思维导图关键词层级的原理，关键词的层级最好不要超过7层。因为过于庞大的分支以及结构会使人的大脑产生疲惫，而且思维导图在7层以上，基本就是思维较为混乱的体现了。

用思维导图复习知识点，一般以一篇课文或者是一章的内容是最为合适的。一般来说，看完这样一篇思维导图需要的时间应在2～5分钟甚至更短，这样就可以在有限的时间之内尽可能多地复习几遍，加深记忆。

还有很多方式可以将思维导图穿插到自己的生活当中，比如将绘制好的思维导图制作成图片，设置成自己的手机屏幕或者是电脑桌面，这样在有意无意之中就可以看到这些知识点。虽然没有长时间的记忆，但这种方式可以使自己的大脑潜意识中对于知识点的记忆程度加深。

除此之外，还有很多方式可以运用到思维导图记忆当中，坐车时、吃饭前、吃饭后、休息前等一切零散的时间都可以利用起来不断地进行复习，利用碎片时间对思维导图进行记忆，可以大幅度加深对于知识点的印象。

8.4.3 使用思维导图来进行考试

我们在学习过程中获取到的知识分为"无氧信息"和"有氧信息"。

"无氧信息"是指在阅读信息时使大脑疲惫且无法集中的信息。相信很多人都有过类似的经历，密密麻麻的文字会使得大脑产生烦躁的情绪，在短时间内耗尽大脑的氧气，让我们更加容易陷入疲倦。

"有氧信息"是指在阅读信息时，使人感到精力充沛、兴趣十足的信息，有氧信息可以使读者轻松接受。有氧信息具有简洁、有趣、实用三个原则，不难看出，思维导图具有这三种优势。

考试时，可以画一个最简单的思维导图，把试卷的问题按掌握程度、问题分值和答题时间进行一下排列。原则上先完成答题时间最少、分值最多和掌握最好的问题。思维导图可以很大限度地提取出我们需要复习的考试内容关键点，实现大脑迅速地接受有效信息。

我们在学习的过程中，首先应该学会的是将教材内容进行适当的简化，不是通篇记忆，而是学会从中提取出关键词和重点；其次，我们要将知识进行趣味化处理，也就是说在绘制思维导图的过程中，我们可以运用适当的颜色或者图案对关键点进行突出处理，这样的方式有助于加深我们的大脑记忆。最后，通过练习和复习，尽可能地将思维导图中记录的关键点进行运用和实践，这样能够更加有效地对知识点进行巩固。

学习的本质就是要将自己不会的知识变成自己熟悉的知识，在考试过程中引入思维导图有助于复习考试内容，也容易在考试中获得较好的成绩。

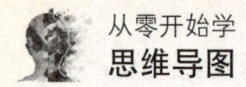

绘制思维导图并不是一件难事，我们要做到不怕麻烦，勤加练习，尽量亲自完成整幅导图的绘制，并且做到多练习、多复习。这样的话，这些书本上的知识点就会成为我们的知识储备，将这些知识点印在脑海中，达到融会贯通，这样在我们考试的时候才会取得更加优异的成绩。

学会运用思维导图记忆考点，并且转换关键词的表达方式，让枯燥无趣的学习变得生动活泼起来，面对的信息越小，就越便于我们大脑记忆。

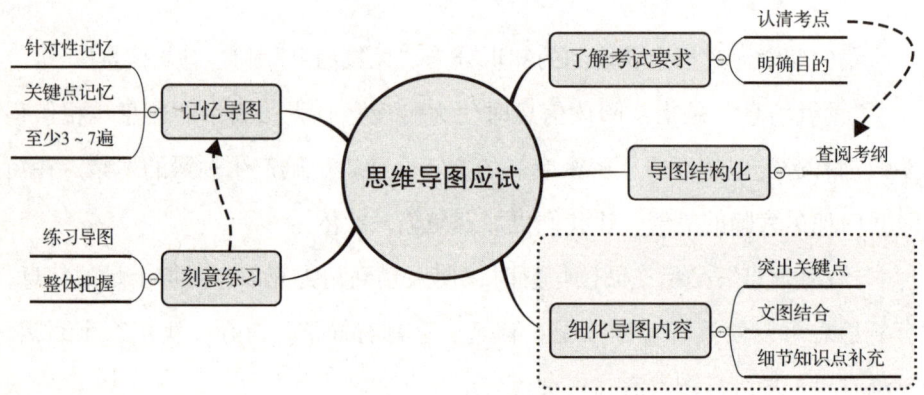

第8章
变繁琐为轻松，思维导图带你高效学习

近来是否要参加考试？运用思维导图的形式将考点整理一下吧！在考试当中也可以根据导图的内容轻松回忆知识点。

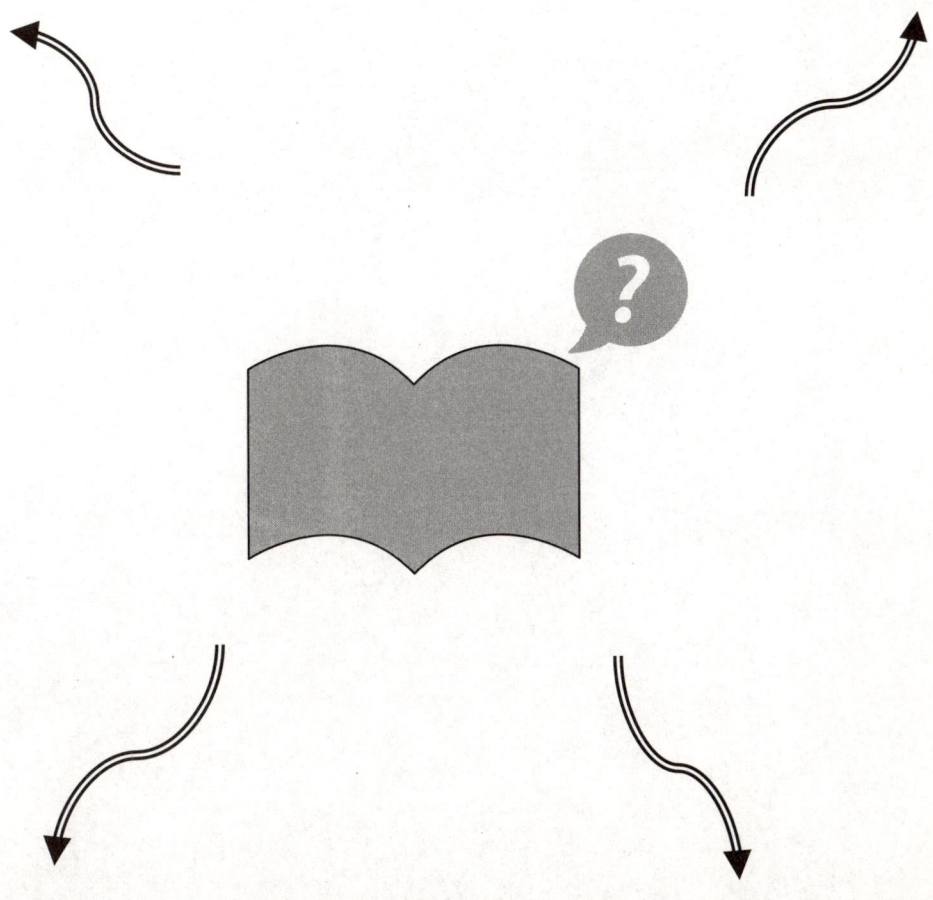

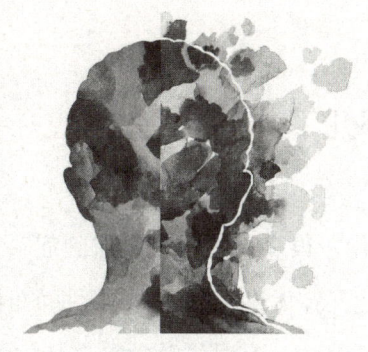

第 9 章
画一张图,瞬间让时间管理更清晰

　　身处现代社会,我们的生活节奏越来越快,这样的大环境下我们需要终身学习去适应知识更新快速的时代。

　　也正是因为互联网技术的快速发展,围绕在我们周围的信息似乎无穷无尽,被这样庞大的信息轰炸,我们的时间也开始变得碎片化了起来。

　　一个人、一个团队能否在自己的事业生涯中取得成功,秘诀就在于搞好时间管理。

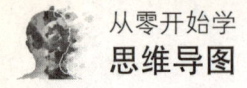

9.1 时间都去哪儿了

面对时间的碎片化,很多人患上了"拖延症",一边抱怨着时间紧迫来不及做某些事情,一边又在无形之中浪费了大把的时间。

在我们的日常生活当中,有时候总觉得自己仿佛有做不完的事情,好像所有的事情都堆积在了一起,自己很想做的事情却一件都没有完整地做完。

时间碎片化越来越严重的今天,我们的时间总是在不知不觉中流逝了,而现代人在工作当中常常错误地利用时间,所以在不知不觉中事倍功半。当我们在工作中浪费了大量的时间时,我们的工作效能也会难以得到提升。那么,在我们的工作生活中,如何进行时间管理,如何成为时间战场上的赢家就显得尤为重要了。

9.1.1 效率不彰导致的时间浪费

简单来说,效率不彰的意思就是完成一项工作的时间,原本可以缩短,然而因为一些事情导致时间延长。例如,开会经常是毫无主题和目的的,导致议题东拉西扯没有中心,这样无形之中就会拖长时间。在我们的日常生活当中,你是否也遇到过时间"莫名其妙"地消失的情况呢?

案例:

小明准备在晚上 7 点开始看书,为明天的考试做准备,但是在看书之前,他打算看电视来消遣一下。本来他只想看一会儿,但是因为恰好播放了他喜欢的电视节目,他没有顶住诱惑,便坐在那里将电视节目看完了。电视节目结束时,时间已经过去了两个小时了,天色也晚了。

当小明打算抓紧剩余的时间看一看书的时候,他的母亲给他打来了电话,在电话中他的母亲嘘寒问暖,两个人又用了一个小时唠家常。

挂掉电话之后,他打算看一会儿书然后就洗漱睡觉。但他刚看几分钟书,又接到了一通电话,是他的朋友打来谈论下周聚会的问题,不知不觉之间又过了30分钟。

再次挂断电话,小明感觉十分疲惫,而且现在他的心思完全在为下周的聚会而激动,他也无心看书了,甚至连洗漱都懒得做,直接倒头大睡起来。

第2天进入考场,他才感觉到自己的脑海中一片空白,因为昨天晚上没有看书,一个有用的知识点他都记不起来。

考试结果也不言自明,考砸的小明对自己的老师说:"我真的十分用功,我昨晚看书到深夜,希望您能给我一个补考的机会。"

但是,小明真的像他所说的那样一直在看书吗?他看书的这个动作确实持续穿插在整个时间线之内,但是他错误地将最重要的"看书"事务安插在了零散时间中,而那些不重要的事情则占用了大部分的时间。

这个案例告诉我们,在我们的学习、工作当中,一定要对自己要做的事情有完整的计划。我们在工作当中确定好主题目标,那么我们在处理问题的时候就会有中心,这样我们就可以更加有效地安排自己的进程,使我们可以节省更多的时间。

9.1.2 小额时间的浪费

在我们的生活、工作当中,有各式各样的零散时间,这样的时间很多时候是被我们忽视了的。例如我们用于等待的时间,当我们在车站等待自己的那班车,当我们在电话前听着无人接听的声音,当我们赴约时提早到了等待的时候,这些都是我们无意识间的小额时间浪费。

很多时候闹钟响起,我们也没有起床,或是享受了一下床铺的温暖,或是美美地睡上了一个"回笼觉",这些时间很短暂,也许只是几分钟甚至几

秒钟，当再次醒来的时候往往发现距离要出门的时间很近了，只得压缩其他的时间以便不迟到。

在你的工作当中，是否也遇到过这样的情况？一些很细小的时间被我们无意间浪费掉了，喜欢赖床的人往往也会将工作上的事情堆积到临近交差的时候一起做，那时将要面临的压力巨大无比，时常忙得焦头烂额。

这样的小额时间看似无关紧要，但是当你在忙着赶工的时候就会发现，原来小额时间积累到一起，已经占了你所有浪费的时间里的大部分。

你真的没有能力按时完成工作任务吗？明明制订了一套工作计划，为什么却仍旧延后了呢？这就是你不够重视小额时间的缘故，这些小额时间都很短，往往只有几分钟而已，但是，当这些小额时间累积起来，就是一个很可观的数字了，而这却是我们常常注意不到的事情。

9.1.3 情绪不佳导致的时间浪费

很多人可能不理解为什么情绪不佳会造成时间的浪费，其实这是你内心的潜意识在作怪。

有调查研究表明，当人在事情不顺利或者失败而心情不悦的时候，生气、难过、后悔、惋惜、悲伤这类的负面情绪都会导致我们在行动上难以集中精力。

案例：

小明在头一天晚上和自己的女朋友分手了，他的心情十分低落，甚至一晚上都没有睡好觉。在第二天的工作当中，他也总会想起和女朋友分手这件事情。

上司将一项很紧急的事情交给小明处理，虽然他情绪十分低落，但还是接下了工作，只是他总是无法集中自己的精力与精神去做自己的工作，时不时地就会因为失恋的事情而走神。

结果就是工作没有能够按时做完，小明不但受到了上司的批评而且还要加班赶工。

这个案例告诉我们，如果不能及时消除这些负面情绪的影响，改换我们的心情，那么在这些负面情绪的影响之下，我们做事情不仅低效而且很容易出错，这样反而会更加拉长了做事情所需要消耗的时间，而这样的时间浪费是会持续一段时间的，所积攒下来的问题则会更大。

9.1.4　不专心导致的时间浪费

做事不专心这一点无论是在工作当中，还是在我们的学习生活当中，都是一样的，如果我们在做事的过程中始终不能够做到全神贯注，那么就很容易被一些琐碎的事情分散了注意力，我们往往就会感到时间很快就会过去了，而我们的工作却还没有完成甚至没有开始，结果就是我们一事无成，却找不到原因。

案例：

小明在工作当中有一个习惯，那就是在上班时和坐在自己隔壁的同事聊天。他和这个同事都是足球爱好者，两个人时常兴奋地聊头一天结束的足球赛事。

往往他们只会聊一两句，两个人都认为这是无关紧要的事情，但是由于聊天打断了他原本的工作思路，每每在聊天结束，小明再回到自己的工作当中时就很难以进入状态。他只能够重新整理自己的工作思路，然后继续下去。

整理思路往往消耗大量的时间，同时，原本脑海中闪过的创意灵感可能也会随之消失，任凭小明怎么想也想不起来，原本只需要一个小时就可以完成的任务可能会拖至两个小时才完成。

你有没有一边聊天一边工作，或者吃东西的工作习惯呢？这些都是不专心

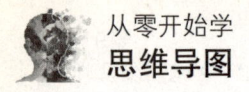

导致的时间浪费,看似无碍的一个小举措,可能就会影响整个工作计划的安排。

9.1.5 被"打扰"导致的时间浪费

有些时候一些同事会干涉或者指导他人的工作,即使他人并没有求助;还有些时候,一些新进员工容易出现的问题就是愿意把他人的工作任务揽到自己的身上,或者答应其他人委托的额外工作。

案例:

小明是刚入职的新人,他踌躇满志,想要做出一番事业,所以在工作中他格外积极,想要通过多做事情来引起老板的注意。

不仅如此,他也会积极地去"帮助"同事做一些事情,时常主动帮助同事打印文件,或者主动给老板倒水,他总是在看到其他同事需要帮助的时候就放下自己手头的事情,去做同事的工作。

小明认为这样做是处理人际关系的关键。因为他有喜欢包揽工作的习惯,身边的同事都会将一些杂事交给他去做,而小明自己的工作则一拖再拖,甚至无法按时完成。

同样,我们的工作当中遇到他人请求帮助的时候,许多人更多时候会硬着头皮答应下来,然后任由别人的事情侵占自己的时间。这种情况不仅浪费时间,而且会让双方都产生困扰。

自己不能够胜任或者没有时间完成的工作不仅干不好,而且还会浪费自己的时间,使得自己原本的安排被打乱,耽误自己的其他工作。手忙脚乱地完成一项并不熟悉的工作,对双方而言导致的结果就是"双输"。

无论在什么场合,我们都应该明确自己的事务,并且在自己的事务没有完成时尽量不要去包揽一些额外的事务,让自己累得半死,也就是不要被自己和外界所"打扰"。

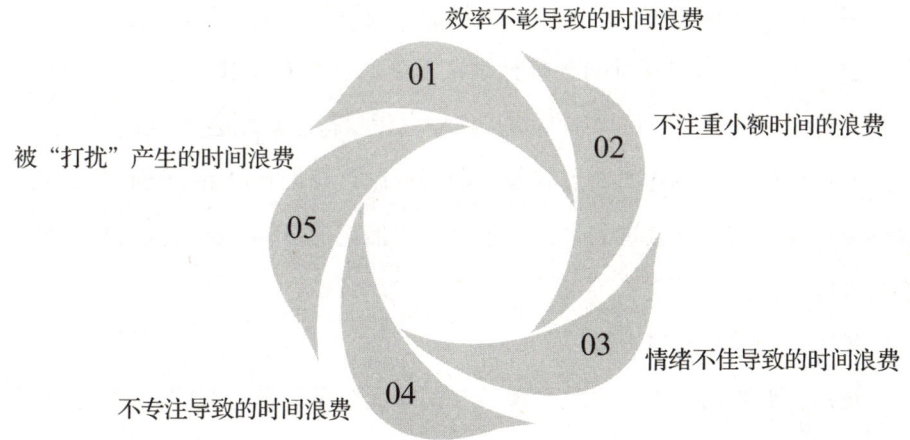

9.1.6 导致时间管理不善的两大原因

当我们发现自己存在浪费时间的情况之后,我们要及时地找出自己时间管理不当的原因,只有发现问题的源头,我们才能够从根本上解决自己的问题。

这里总结出两点主要原因。

原因一:在工作当中缺乏计划性

很多时候,我们被分配了一项任务,第一反应就是立刻着手去做,而没有进行一下考虑。这样的结果往往就是,一旦遇到瓶颈,我们就会寸步难行,无法进展下去。这就体现了事先拟定计划的好处。

虽然我们总是强调工作要有计划性,但是仍旧有很多人选择不做计划,或者只是将计划放在脑子里。做事情没有章法是浪费时间的一大因素,在我们的日常学习生活中,有多少时间是因为我们没有制订计划,没有选择适当的方式而导致了做事情绕了远路,产生了不必要的时间浪费。我们常常想用自己熟悉或者直觉想到的方法做事,但是实际上,很多时候那些并不是真正有效的方式,也并不是最有效率的方法。

为了完成一件事情,我们可以同时想出很多种方法,关键就在于能否

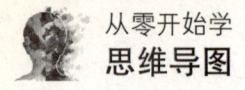

找出最快的方法来解决自己所面临的问题,而不能是毫不考虑地直接开始进行。这一点对我们制订时间管理计划很重要,我们在工作当中一定要注意,要将一件工作计划安排得周密完整,这样真正执行起来才会顺利。

我们同样应该清楚的一点就是,周密地制订我们自己的工作计划,是一种能够确保工作目标实现的手段,可以为我们指明目标,同时还可以明确我们的实施步骤。

原因二:进取意识不强

很多人对自己在工作中白白浪费时间毫无察觉,甚至有些人没有意识到自己的时间浪费得很严重,有些人的工作态度极其消极,做事比较拖沓,总是找尽借口推脱工作,当工作无法完成时常常唉声叹气。造成这种情况的原因就是个人缺乏进取意识,或者说没有太大的上进心,在工作中也缺乏责任感和认真的态度。

如果我们始终对自己的时间利用比较迟钝,我们就会觉得时间多得很,不愿意面对工作中的具体事务。那么在这个时候,我们应该好好地反省自己,因为这种情况是十分危险的,对于时间观念的不明确会导致我们错失良机,不积极进取就更是会让我们随时就被时代淘汰。

9.2 了解时间管理

在这样的情况之下,时间管理似乎势在必行。那么究竟什么是时间管理呢?时间管理,顾名思义就是有效地管理我们时间,有效地运用时间,降低我们在时间利用上的不确定性,从而减少时间浪费。

时间管理是一个历史悠久的话题,因为时间在人们的生活中十分重要,在彼得·得鲁克的《卓有成效的管理者》一书当中,也阐述了有关时间管理的概念,他提出了"时间特性"这一概念。时间特性的概念认为时间是一种

第9章
画一张图，瞬间让时间管理更清晰

特殊的资源，也是"最稀有"的资源，因为时间是完全不可替代的，并且是无法储存的，无论我们做什么事情都必然要消耗时间，时间的特殊性也恰恰是体现在它的不可或缺上，同时时间也是没有弹性的，上天给所有人安排的时间都是相同的，不同的是人们对待时间的态度以及方式。

本质上，时间管理的目的就是决定什么事情应该做而什么事情不应该做，什么事情需要尽快做而什么事情不必着急做，其关键就是分清所要处理的事情主次程度。

时间管理最重要的功能就是通过事先的规划，为工作的开展提供提醒与指引。进行时间管理主要有三个目的，合称"三效"——效果、效率与效能。

效果、效率、效能属于三个层次，之间有共性，同时也有一些不同。其中，效果就是用最快与最小的代价达到目标，就比如我们读书的目的就是为了考取更好的成绩，去上更好的学校一样；再如参加管理培训就是希望做一个好的管理人。一旦有了效果，我们的行动就会更加具有目的性，在我们向目标努力的过程中也会更加有动力。

效率比效果高一个层次，就是用最小的代价获得如期的效果。举一个简单的例子，当我们坐飞机准备前往某一个地方，预计要坐1个小时的飞机，但我们出入机场需要一段时间，通过安检需要一段时间，那么整个路途时间将会延长到大约4个小时，但是如果我们选择坐高铁，在高铁上可能会有2个小时，但是在其他的地方浪费的时间很短，整个路程大概需要耗费3个小时。那么，对比起来，效率最高的就是选择坐高铁，也是最短的时间；坐飞机与坐高铁，价钱也都相差不多。

再说到效能，效能是三者之中最高的境界，也就是用最小的代价与资源去达到最佳的效果，也就是用最低的成本去做出最好的产品，这是管理时间的最终目标。

既然时间对我们如此重要，我们就要对自己的时间进行一定的管理，在进行时间管理之前就要了解时间的价值。

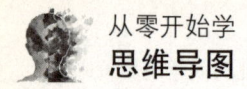

9.3 时间"四象限"法

时间"四象限"法是指在学习、工作中,将事务按照重要和紧急两个不同的程度进行时间划分的一种方式,其具体使用方式为:建立一个坐标轴,将不同事务归类入四个象限当中。

在运用"四象限"法则进行时间管理的时候,首先应当清楚的就是四象限究竟分别代表着什么内容。

第一象限包含的是一些紧急而重要的事情,这一类的事情具有时间的紧迫性和影响的重要性,无法回避也不能拖延,在我们的工作生活当中是必须首先处理、优先解决的事情,如重大项目的谈判、重要的会议工作等。

第二象限不同于第一象限,这一象限的事件不具有时间上的紧迫性,但是,它具有重大的影响,对于个人或者企业的存在和发展以及周围环境的建立维护,都具有重大的意义。

第三象限包含的事件是那些紧急但不重要的事情,这些事情很紧急但并不重要,因此这一象限的事件具有很强的欺骗性。很多人在认识上有误区,认为紧急的事情都重要,实际上,像工作中同事突然求助、没有实际意义的电话等这类事件并不重要。这些不重要的事件往往因为它紧急,就占据了人们很多宝贵的时间。

第四象限的事件大多是些琐碎的杂事,没有时间的紧迫性,没有任何的重要性,这种事件纯粹是在浪费生命。发呆、上网、闲聊、游逛,这是饱食终日、无所事事的人的生活方式。

"四象限"法是时间管理理论的一个重要观念,妥善地运用"四象限"法,可以让我们主要的精力和时间集中处理那些重要但不紧急的工作上,这样可以做到未雨绸缪,防患于未然,同时可以提升我们做事的效率,不会事倍功半。

既然"四象限"法是按照重要程度和紧急程度区分,那如何评估一件事情的重要程度以及紧急程度呢?评估一件事情时,重要程度是按照价值观来判断的,紧急程度是按照时间底限来确定的。当我们手上的待办事项清单上已经列好一堆事情时,大部分人并不知道如何对事项进行分类。这时,我们就要用一些方法对其重要性和紧急性进行评估。

首先要对事务按照重要程度进行排列区分,这件待办事项是轻还是重应该有一个大致标准,给所有的事务按照价值观区分究竟是否重要。

然后再对事情的缓急进行区分,将所有事务的截止日期都清晰地列举出来,仔细分析这些事务是否紧急。

第二象限:重要不紧急
处理方法:有计划去做
事务饱和的后果:忙碌
原则:做好计划集中处理,注意先紧后松

第一象限:重要且紧急
处理方法:立即去做
事务饱和的后果:压力过大,产生影响
原则:先按计划完成好第二象限的工作

第四象限:不重要且不紧急
处理方法:尽量不做
事务饱和的后果:浪费生命与时间
原则:可作为放松进行,但不宜沉溺其中

第三象限:不重要但紧急
处理方法:交给他人去做
事务饱和的后果:忙碌且盲目
原则:学会将一些事务交由他人去替你完成

9.4 第二象限工作法

理解了时间管理的"四象限"法之后,第二象限工作法就是我们接下来需要了解的内容。

第二象限工作法当中,首先就要按照四象限法则将自己的工作按紧急和重要程度划分到不同的象限中去。然后,我们再先做或者将大部分时间和精力用于做属于第二象限的工作,有人会问,难道不是应该首先处理第一象限的事务吗?这就是我们在接下来要说的。

就像是盖一栋高楼,要先从地基开始做起一样,我们在工作的时候同样也要知道,很多事情并不是一蹴而就的,而是需要我们从基础开始做起,并且一步步加深的。

很多时候当我们在着手准备处理第一象限内的事务时才会发现自己毫无头绪。这实际上就是由于第二象限内的工作没有打好足够的根基。第二象限工作法则能够有效避免此类问题。

我们在制订自己的工作计划时,就要根据第二象限的工作制订计划,用80%的时间做第二象限的工作,20%的时间做其他象限的工作。

这种习惯一旦养成,就成为我们重要的一项竞争力。正如在时间管理上,如果我们能够在时间管理上不断提升,不要说效率提高 5 倍、10 倍,就算是提高 10% 或 20% 的效率,那么这种时间管理、这种细节管理,将会成为我们在今后工作中的强大武器。

那么,拥有一个合理的工作计划就是实现时间管理的有效途径。

9.5 制订工作计划,提高工作效率

无论是单位还是个人,无论办什么事情,事先都应有个打算和安排。有了工作计划,工作就有了明确的目标和具体的步骤,就可以协调大家的行动,增强工作的主动性,减少盲目性,使工作有条不紊地进行。

计划本身则是对工作进度和质量的考核标准,对大家有较强的约束和督促作用。所以计划对工作既有指导作用,又有推动作用,搞好工作计划,是

建立正常的工作秩序、提高工作效率的重要手段。

9.5.1 工作计划的作用

制订工作计划有十分重要的作用，那么制订工作计划能够对我们的工作起到哪些积极影响呢？

第一，制订一个完整的工作计划，可以起到督促我们工作的作用。

人是有惰性的。如果没有一个量化的指标，靠人的自觉性来完成一项工作，很容易出现一些想象不到的偏差，例如工作进度滞后等问题。因此，如果制订好一个计划，按照计划的步骤、要求来完成一项工作，结果就很可能更令人满意，在这里计划起到一种督促与监督的作用，以预防和纠正执行过程中出现的偏差。

第二，制订一套合理清晰的工作计划能够起到提示自己的作用。

在很多时候，我们的大脑并不是能够将所有事情都记牢的，如果没有制订出具体的计划，很容易无意识或有意识地遗忘或忽略一些环节，而如果开始就制订出具体的计划，将这些环节写进计划书中，就可以提示到了某阶段要做哪些工作，这样工作计划就起到了提示的作用。

第三，制订工作计划可以理清思路。

制订工作计划的过程是个思考的过程，制订好工作计划以后，在心中基本上对这项工作已经有明确的条理了。制订的过程中，已经将工作思路理清了，下面做起来就自然"水到渠成"。

第四，制订工作计划可以培养良好的习惯。

经常制订工作计划，可以使人的生活、工作和学习比较有规律，因为习惯了制订工作计划，人变得不拖拉、不懒惰、不推诿、不依赖，从而养成一种成功必须具备的习惯。

第五，在工作结束后，工作计划有助于对任务进行总结与回顾。

某项工作计划最终完成的时候，总结出一些经验，会使人不断地进步，这样就可以让每一次制订工作计划都比前一次更好，分析实践当中存在的问题，你在以后的工作中，就可以提前预防再次出现同类问题，做起事来得心应手。

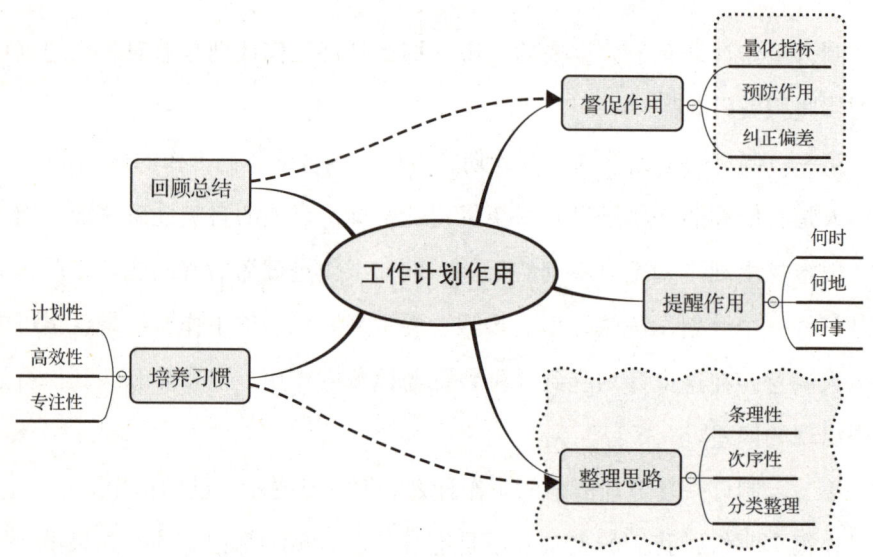

关于制订工作计划，最为有效的方法就是日计划、周计划、月计划相结合，梳理自己的工作内容，让自己的工作安排更具条理性。

9.5.2　周、月计划让行动更明确

我们在工作、学习、生活当中，制订明确的周计划、月计划会让我们的工作计划以及行动更加详细明确。

制订详细计划的时候，思维导图就是一个十分有效的工具，在我们处理日常事务、进行团队协作的过程中，用思维导图创建工作清单，梳理团队任务，使团队工作可视化。

建立在思维导图上的任务需要我们落实在实践当中，但是正因为有了思维导图这样的可视化工具，我们的任务清晰明了，有利于我们更加合理地安排并且管理自己的时间。通过运用思维导图制订周计划、月计划，使团队有

计划、有反馈、有总结、有调整，基于此就形成一个完整的流程，保证了团队工作的效率和质量。

工作计划的重要性表现在工作有明确目的，避免盲目性，使工作循序渐进，有条不紊。计划本身又是对工作进度和质量的考核标准，对我们有较强的约束和督促作用，当我们在工作中陷入迷茫或者产生厌烦情绪的时候，拥有工作计划会让我们有明确目标以及动力。有了计划，工作就有了明确的目标和具体的步骤，就可以协调大家的行动，增强工作的主动性，减少盲目性，使工作有条不紊地进行。

9.6 如何制订清晰的周计划

以一周的时间为例，没有制订周计划之前，很多人每天的工作生活都很忙碌，但一周过后却发现所做的事情没有什么成果，这就是因为没有制订周计划。当你没有目标时，就会不由自主地找很多事来做，让自己看起来很忙碌、很充实，但是这只是一种虚幻的感觉而已。

当你养成制订周计划的习惯以后，你就像是在海上的水手，即使风浪再大，都有一盏明灯为你指明前进的道路。

既然计划在我们的工作生活中有这样重要的作用，那么我们又应该怎样合理安排自己的计划呢？我们以周计划为例，每周的工作都要有计划，这样才能更好地落实月计划，甚至可以提前制订我们的年计划。

用导图整理自己的周计划，在实践当中体会思维导图的作用。制订我们的计划时，可以有以下方法。

9.6.1 第一，从固定时间开始安排

根据你的个人习惯以及公司工作安排习惯，为你的周计划设定一个确定

的时间范围，比如可以将自己的周计划设定为周一到周日，也可以从周六到周五，这都是根据自己的工作如何进行考核管理来设定的。

在设定周计划的时间同时，要为一周的每一天包括早中晚几个时间段，尤其是周一到周五工作日、周六和周日的时间进行划定。

在你的学习工作生活当中，有一部分时间是固定的，比如上班时间、上学时间等时间段就是已经固定的。安排其他的活动就必须要考虑这些固定的时间，例如娱乐、休闲等。将固定的时间事务安排充分之后，你就可以很清楚地看到还有哪些时间是可以供你自由支配的日常活动时间。那么就可以将其他的活动安排在这些零散的空余时间之内，既可以合理地运用碎片化时间，还可以有效地进行时间管理。

安排这些项目时，一定要注意活动之间的间隔，不要让自己的安排过于拥挤，要给自己留适当的休息时间，大脑的活跃性也会更加持久。

9.6.2　第二，根据你的生物钟安排时间

如果你已经形成了一套习惯性作息时间，其实没有必要强行改变以适应自己的计划，你的行程事务完全可以按照自己的生物钟以及作息习惯进行安排。

将自己的空余时间按效率和外界干扰给予不同分值，尽可能把重要的任务安排在个人工作效率高、干扰少的时间段。例如，用大块的时间学习新知识，用大量的时间完成一个重要的工作项目。

9.6.3　第三，将某一天设定为"休闲的一天"

将这一天作为完全放松的时间，不要为自己安排任何的工作，不要思考任何会让自己紧张的事情，同样这一天也可以成为可调控的时间，一旦有紧急事件要进行处理，这一天就可以作为一个缓冲的时间，不会让你在关键时刻手忙脚乱。

9.6.4 第四，计算并且预留可控时间

"生活就像是一盒巧克力，你永远不知道下一颗是什么味道。"在日常生活中，总会出现一些在计划以外的事情，那么，这就要求我们在安排事务时要提前计算并且预留一部分可控时间。

在实践的过程当中要知道的是，要将自己的自由可控时间除以二，这样剩余的时间才是真正的可控时间，只有将可控时间安排好，才可以做到时间的可控性，当一些计划之外的事情发生的时候才能够有足够的时间应对。

9.6.5 第五，在自己的周计划当中确定一个目标

要注意的是，即使有再多想要完成的事情，但是在确定目标的时候只允许写一个完整的目标。这样的目标不必是十分宏大的，而是可以选择一些小的、比较容易实现的。比起目标的数量以及大小，目标的成功率更加关键且重要。确定一些较容易完成的小目标并实现，可以使人获得成就感，在完成周计划的过程中会更加有动力和自信。

9.6.6 第六，提出相应的奖罚措施

我们制订计划时，可为自己设定奖罚措施。一旦设定奖罚措施，我们在对待问题的时候就会更加地有急迫感，同时也会大大地提高工作中的积极性。

制订的奖罚措施，一是对自己完成得较好的任务进行奖励，二是对自己完成得不好的任务进行惩罚，与月考核进行挂钩，并进行总结。只有给自己制订奖罚措施，我们在工作当中才会更加地上进。

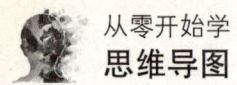

按照上述提供的步骤以及操作方式,制订一份自己的周计划吧!

一周计划清单					
	任务/工作	任务/工作	任务/工作	完成进度	备注
周日					
周一					
周二					
周三					
周四					
周五					
周六					

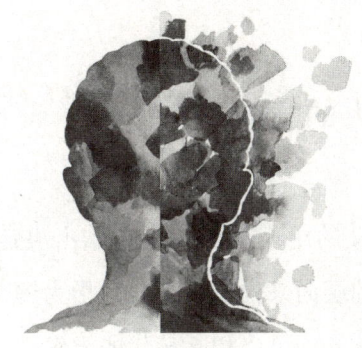

第 10 章

犹豫不决？思维导图帮你作决策

在日常生活中，我们每时每刻都面临着各种各样的决策任务，大到自己人生或者职业生涯的规划，小到今天中午选择哪个餐厅。我们的生活就是由一个个决策决定的，作决策对于每一个人来说都非常重要，作决策的质量决定了我们生活的质量。正是因为在人生的每个十字路口上进行了大大小小的决策，我们才成为了现在的自己。

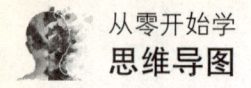

10.1 决策对个人的意义

所谓决策，从狭义的层面来讲就是指作出决定，从这一层面来说人人都是决策者。从广义的层面来说，决策就是指为解决某一问题，实现某一目标，经过分析论证，从若干可以相互替代的方案中，选择一个最满意、最合理的方案的过程。

决策对于自己的人生价值和社会价值的实现有着至关重要的作用。接下来我们将会从决策前、决策中、决策后三个阶段的角度来论述决策对我们个人成长的重要性。

进行决策之前，要考虑自己的决策应适应当前大的社会环境，包括当前的政治环境、经济环境、技术环境、自然环境甚至是人文环境。应该考虑到大环境对于决策的整体影响，例如当你在选择是继续打工还是自己创业的时候，对创业的大环境以及想要涉足的领域大背景就都要有一定的了解。

在决策的过程中要遵循正确的决策原则和决策方法，这样才能作出正确的决策，对自己的生活产生积极的影响。在个人决策的过程中要遵循全面性原则、科学性原则、求实性原则、动态性原则、实效性原则和创新性原则。这些原则对于能否作出正确的抉择都很重要。下面就求实性原则和动态性原则做详细的阐述。

无论大小，任何决策都应该以事实为依据，从实际出发实事求是，具体问题具体分析，做到因时制宜、因地制宜、因事制宜、因人制宜。这就是求实性原则。如果决策的基础不是对事实充分的认识和理性的分析，而是感性至上，情绪至上，罔顾事实，完全以自己的情绪或主观臆想为依据，必然会导致决策失败，进而导致任务不能顺利完成。

在决策完成之后，要对决策进行执行，并不断调整自己的决策。只有不断地根据具体的情况对自己的决策进行调整，才能使得正确决策的积极作用最大限度地发挥出来，给自己的人生带来积极的影响，这就是动态性原则。

10.2 为什么总作不好决策

在我们的工作生活中时时刻刻都在作决策，大到影响一生的规划，小到选择一件商品，在我们的一生中作出过无数的决策，又有多少决策是正确的呢？

相信仔细回想起来我们的错误决策一定有很多。决策的失误后果往往是严重的，在大型企业中一个决策的失误可能会让整个企业分崩离析，而在生活中我们的一次决策失误也有可能让人生道路走上歧途。

那么为什么我们会出现决策的失误呢？

10.2.1 由理由指挥行动

决策出现失误的很常见的一个原因，就是在我们作决策的时候习惯性地用理由来支配自己的行动。很多时候人们不能意识到，自己决策的失误很大一部分原因就是认为自己的理由很充分。

不妨思考一下，当你在生活或者工作当中受到了委屈，是否第一反应就是报复回来？因为你受到了欺负，那么在你的心里你就是有理的，但是有理就一定要有所行动吗？有理有据就能说明行动的合理性吗？有理由就能确保决策的正确性吗？答案是否定的，在我们理直气壮、情绪激动的时候，作出的决策时常会是不理智的，甚至是错误的。

因此，在我们作决策时，不能单纯只看理由。拿理由作为我们的行动的依据之所以不理智，很重要的原因是行动的理由，往往是行动之后才找的理由。换句话说就是，我们先想好了要行动，大脑再编出一个理由来解释这个

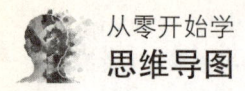

行动，使行动合理化。但我们却常常自我欺骗，以为是因为有这个理由，才促发了这个行动。千万不要以为理由充足，决策就对。那么，我们决策时不看理由，看什么呢？

我们决策，应该从自己想要的结果入手，判断决策好坏的标准是这个决策给我们带来的价值，与我们所付出的成本之间的差额。换句话说，如果我们付出的成本少，但收益大，那么这个决策就是对的。

10.2.2 看"价格"而不看"价值"

之前在网络上有一个十分有趣的话题，那就是1小时的时间，究竟该用来工作，还是用来雇佣园丁？这就是一个典型的决策问题，我们可以通过价值来计算得出。

作不好决策的另一个原因就是，我们作决策当中盯紧的是价格而非价值。决策中的价值指的是，当我们在决定某件事件之后，是否能够对计划或工作、生活造成积极的影响。就拿近几年十分火热的"双十一"购物举例，在"双十一"期间，有许多商品都进行了大幅度的降价促销，很多人贪图便宜而买下了很多促销商品。但是这些商品往往是自己不需要的，那么这样的购物对于购物者来说只是买回了一些便宜的"垃圾"。购买的过程其实就是一个决策的过程，如果不光盯着价格还关注价值，那么购物者就知道选择一些更加实用、更加具有价值的商品。

事物的价值具有主观性，它不仅取决于事物本身，也同样取决于赋予其价值的人。正是人们的需求、利用、喜好以及流行风尚决定了市场上各种商品的价值，而这一点却常常被人们所忽略。换而言之，"降价大促销，买到即赚到"，值得你奋不顾身去刷卡吗？我们能买得起哪些、愿意买哪些，才是决策的关键因素，也是真正决定商品价格的因素。

一旦我们忽视了价值的重要性，就会在决策中不断出现失误，或者说会在决策中变得幼稚。

10.2.3 选择过多

曾经有专家对市场进行调查研究后发现，商品的分类应当是越细越好，但是在特定的分类之下又将商品进行大量的、更为细致的分类，却会导致客户的购买体验下降，出现大量退货或者不满的现象，这就是因为过于细致的分类造成了选择过载，甚至会使购买行为改变，例如客户暂时不买或者改变最初选择。

那么，和商场的商品一样，每天摆在我们面前的就是各式各样的决策，也许我们也曾被如此多的岔路迷惑。举一个简单的例子，你让一个人从菜单上点咖啡，一张菜单上有5种咖啡，另一张上有50种。调查结果显示，对于经常喝咖啡、对咖啡非常熟悉的人来说，5种还是50种都无所谓，他们对自己的选择都很满意。但是对于一般人来说，50种咖啡对他们来讲就眼花缭乱、看不过来了，5种反而更好。

专家的研究表明，决策者对于选择数量的不同反应，体现的是信息处理能力的差异。简单来说，对于一般的决策者，过多的选择带来的是信息过载，他们对于自己不熟悉的信息无法进行有效的处理，因此作出了自己不满意的决策。这时候为他们将过多的信息进行一些预先的筛选或者分类，是有助于他们作出更好的决策的。

作出决策本身就是一个取舍的过程，在我们进行取舍的过程中，选择过多反而会使我们陷入混乱，过多的选择让我们无法看清前路的方向。反过来，将自己的选择来一番删繁就简，往往会提高我们的决策效率，也能够作出更加精准快速的选择。

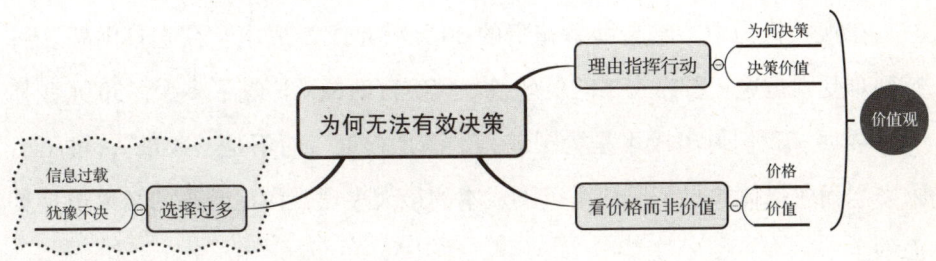

10.3 如何作出满意的决策

决策在我们的生活中占据了无比重要的地位,那么,究竟如何才能作出使自己满意且方向正确的决策呢?

10.3.1 要计算机会成本而不是沉没成本

所谓机会成本,就是指的你因做此事而放弃彼事所引发的成本。举一个简单的例子:周末的假期,你是选择外出参加派对还是在家与家人共度时光?这应该是很多人都会面临的问题。

这个问题的机会成本就是,如果你在家而放弃外出,那么你的机会成本就是不参加派对而可能的结果,例如可能会在派对上认识新朋友,反之也是一样的。

所谓沉没成本是指以往发生的与当前决策无关的费用。沉没成本不仅对决策没有益处而且不能被改变。在现实生活中,我们很多人在作决策时,忽视了计算机会成本,而把沉没成本计算在内了。

紧紧抓住沉没成本不愿放手的例子也是比比皆是。举一个简单的例子,现在越来越多的自助餐厅出现在市面上,客人往往可以花费较少的金钱吃到丰富的菜品。一位客人花50元去吃自助餐,在他吃饱后仍然选择继续吃,直到撑得难受才罢休。这就是不愿放弃沉没成本的体现。

在这一行为中,吃自助餐花费的50元就是沉没成本。在吃自助餐之后感到难受则是这一行为带来的负效益。其实自助餐无论吃了多少,50元钱都无法收回。我们付出成本是为了获得"满足程度"而不是"数量",过于追求安慰而忽略体验是不愿放手沉没成本的最大表现,往往带来的结果也是负面的。

10.3.2 多目标追踪

在上文中已经提到,过多的选择会让信息过载,导致我们无法作出正确的抉择,所以在作决策的时候给自己 3 到 4 个选项,效果会是最好的,提供过多的选择会导致信息混乱,决策也难以精准。

多目标追踪不一样,多目标追踪指的是同时思考一个以上的选择,为自己提供多种思路。当你在同时思考多个选项的时候,大脑就会给问题梳理出一个具体的"形状"以及走势,这样可以更加全面地分析自己决策之后会产生的结果。同时,多目标追踪同样也会使我们时刻自省,让我们的决策更快。当你只有一个选择的时候,你的自我意识也会被束缚,而当你拥有多个选择,那么在思路上也会获得拓宽,在决策中也会更加得心应手。所以,虽然不需要给自己过多的选择,但是提供不同的思路也是十分有利的。

在我们运用多目标追踪原则进行决策的过程中,我们要提防的就是虚假选择,所谓的虚假选择就是本不可行或者无法实现的决策。当你的选择受到了他人的质疑时,这就是一个很好的判断是否虚假选择的时机,你要抬起头,仔细分析自己将要作出的选择是否真正是可实现的。

多目标追踪还有一点很重要,多目标追踪能够帮助我们避免作出消极决策结果,引导我们追求积极的决策结果,塑造一种积极向上的态度。

10.3.3 要思考边际量而不是均量

设想你是一个企业的决策者,在运营公司的过程中,首要考虑的就应该是公司的未来方向以及公司的盈利收益。

当你在为公司的利润作考量的时候,遇到这样一个问题,有某一项工作要做,应不应该为公司招聘一位新的员工呢?

很多人的算法应该是这样的,公司增加了一名员工,这样就增加了工资的成本,同时也就降低了人均利益,可以将这部分工作加在其他员工的身

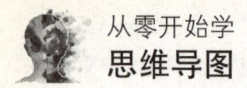

上，这样就可以节省一部分成本。那么，这就是在考虑均量。

事实上，经济学中认为，经济事物总是在各种影响因素之下不断产生变化。因此，边际量就是理性人去作正确决策时的重要参考。在经济学中认为边际量是每增加一单位投入所增加的产量，在运营企业时为使工作更加顺利地展开可以通过招募新员工提高边际量。

将这种边际量思考方式运用到日常生活当中，可以在现有资源下思考下一步行动。许多在生活中效率极高的人，都会去思考边际量。

10.3.4　把假设放到现实中检验

我们在工作生活中作出决策时，有没有遇到过这样的情况——设想中已经确定的事情在现实中发生了意外。

这样的情况屡见不鲜，这就要求我们在进行决策前的假设时，要将自己的设想放进现实生活中进行检验。在假设之前要考虑与设想相反的情况。这并不是消极的态度，而是一种预设的方式，因为我们会自然地去寻找从正面证实设想的信息，所以我们需要训练自己从相反的方面考虑问题。

提前考虑与预想相反的情况会给我们的决策带来十分有利的影响，预见最坏的结果也是在为决策中可能出现的失误而作出的补救预案。

10.3.5　决策的制定要"诚实"

我们在进行决策的过程中，一定要做到"诚实"，不仅仅是对他人诚实，还一定要对自己诚实。

决策中对自己"诚实"，主要就是指在进行选择的时候一定要尊重自己的核心价值观，这其中就包含了自己的长期感情价值、目标以及志向等因素。

无论我们在人生道路中作出怎样的抉择，最重要的一点就是绝不要背叛自己，认清并且坚持自己的志向。

你想要成为什么样的人？你想要怎样的未来？你希望身边都是怎样的人？目标并非是消除情感，而是尊重那些有价值的情感。将你的核心价值观视为神圣的东西，在解决现在以及未来遇到的难题时，就可以更容易一些。

10.3.6　纠结过去只会浪费时间

别为打翻的牛奶哭泣，哭泣有用吗？

在时刻都在作出选择的生活中，我们常常会想，如果之前选择的某件事情能够重新选择就好了，如果世界上真的有后悔药就好了。相信很多人或多或少都有后悔的事情，当我们重温过去作出的那些令人后悔的决策，其实也是在让我们吸取教训，不断前进。作出错误的决策本身坏处是浪费时间和精力，但是更严重的一点就是，还用大量的负面情绪影响生活的品质。

我们要知道的是，纠结于过去的错误决策只会平白浪费自己的时间。日常工作生活当中，有些选择与决定是不需要回顾的，例如昨天去了一家饭菜不好吃的餐厅，又如选择公交出行导致在路上堵车。我们要将时间投入到更多重要的决策当中去，而不是在已经发生了的决策事情中唉声叹气。

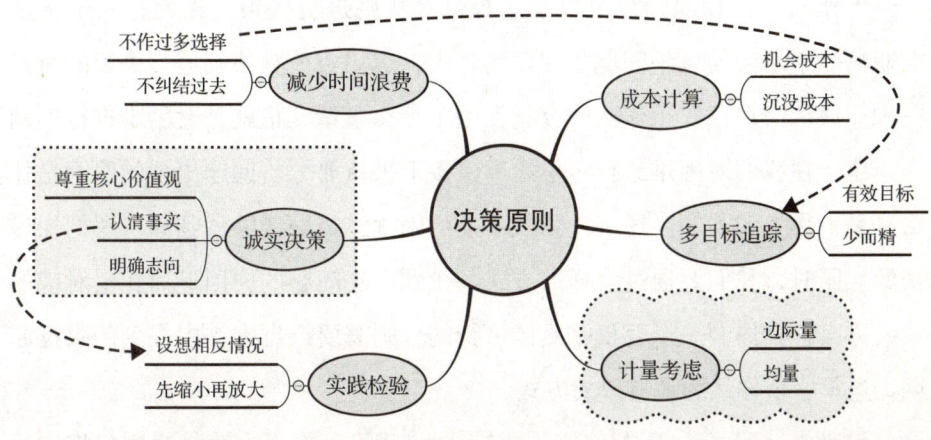

当你将要作出的决策是不可逆的决定时，你要为这件决策考虑更多的备

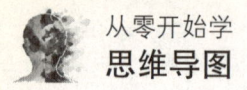

选方案，同时，你一定要慎重再慎重，多花费一些时间在不可逆的事情决策当中，可能会让你在今后的生活中不再受这件事的影响。

10.4 决策的方式

10.4.1 吉德林法则

吉德林法则是指把难题清清楚楚地写出来，便已经解决了一半问题。只有先认清问题，才能很好地去解决问题。找到了问题的关键，也就找到了解决问题的方法，剩下的就是如何采取具体的行动了。

在各个领域都少不了用吉德林法则进行决策。谁都会遇到难题，人如此，企业也是如此。在瞬息万变的环境下，怎样才能最有效地解决难题，并没有一个固定的规律。但是，成功并不是没有规律可循的。遇到难题，不管你要怎样解决它，成功的前提是看清难题的关键在哪里。找到了问题的关键，也就找到了解决问题的方法，剩下的就是如何来具体实行了。只有先认清问题，才能很好地解决问题。

工作当中，我们同样可以运用吉德林法则进行决策，以此轻松地解决在职场当中遇到的各种问题。在职场当中，运用吉德林法则进行决策的时候首先应该认清自己在工作当中究竟发生了什么事情，也就是对困难进行准确的定位。在我们对困难进行定位之后，接下来就要分析问题出现的原因是什么，是工作上的不顺，还是人际关系上的困扰？最好能够做到深入解剖探讨根源。同时，我们要通过这样的方式，找到产生问题的原因进而找出对应的解决方案。具体哪一个建议是具体可行的，则需要根据上文中提到的决策原则，选择一个你认为最有效的方式。

简言之，职场中无处不需要"吉德林法则"，善用吉德林法则，将对我们的工作和生活很有帮助。相信自己，成功都是偏爱有准备的人。

10.4.2 决策矩阵法

矩阵法也是一个十分常用的决策方法,那么什么是决策矩阵法呢?决策矩阵是风险型决策常用的分析手段之一,又被称为"益损矩阵"或者"风险矩阵"。

决策矩阵由备选方案、发生概率、益损值这几部分所组成。对决策问题的描述可以通过决策矩阵集中地表现出来,这样一来决策分析就是以决策矩阵为基础,运用不同的分析标准与方法,从若干个可行方案中选出最优方案。益损值则指的是在自然状态下选择某种方案所导致结果的损益差异。

将对于事件不同的选择列在矩阵当中,并且按照等级对这些不同决策的风险进行评估,这样就可以很清晰地在矩阵表中看出哪件事情的决策是最为重要的了。

决策矩阵			
	特点1	特点2	特点3
方案1			
方案2			
方案3			
结果			

运用矩阵法进行决策时需要知道的是,矩阵法是基于几条内容作为标准进行决策的,也就是说,当我们在进行决策的过程中,要学会列表消减法,将自己所能够得到的选择减少一定的数目,以达到精准决策的目的。

10.4.3 决策树法

决策中使用决策树法相信很多人都并不陌生,那么具体什么是决策树法呢?决策树就是将决策过程中各个阶段绘制成一张箭线图,以此辨明各阶段关系的方法。

决策树一般都是自上而下的。每个决策或事件都可能引出两个或更多个事件,从而导致不同的结果,把这种决策分支画成图形整体很像一棵树的枝干,因此被称为决策树。而这种表现形式又恰恰与思维导图中的括号图在形式上极为相似,因此便可以引入思维导图的形式,结合决策树决策法进行快速的决策。

决策树方法要求决策者对于需要作出选择的事情有明确的目标,同时具有3个左右的选择。当我们在使用决策树进行决策的过程中,要对不同的选择都作出对应的备选方案,以便使决策树体现的各个方案的优劣性有更加深入的体现。

在进行决策的同时要考虑到不可控的因素,例如气候变化、市场行情等问题,因为这些因素在决策当中也会有十分重要的作用。

那么运用决策树进行决策的具体流程又是怎样的呢?在这里进行简单的介绍。

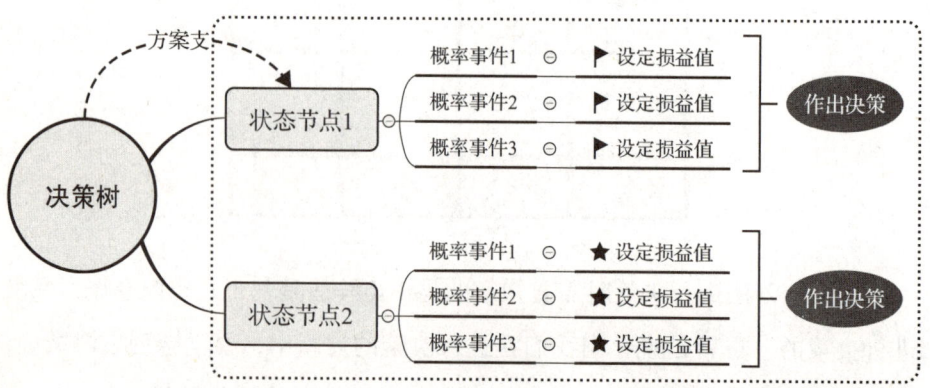

首先，绘制思维导图树状图或者括号图，并且确定自己决策的主要目标，并且将目标设定为中心内容，将能够思考到的每一种方案以及选择都列出来。将列举出来的各种方案以及选择都填上其可能发生的概率，以及其损益值都标在相应的枝干上。然后对不同的枝干上的方案进行继续地筛选。

由此可以看出，决策树法的决策过程就是利用了概率论的原理，并且利用思维导图当中一种树形图或者括号图的形式作为分析工具，其基本原理是用决策点代表决策问题，用方案分支代表可供选择的方案，用概率分支代表方案可能出现的各种结果，对各种方案在各种结果条件下损益值的计算进行比较，为决策者提供决策依据。

10.5 思维导图引导你走向内心答案

我们作出决定的时候总是遇到这样的情况，我们在作决策前犹豫万分，当决策出现失误的时候又捶胸顿足，懊恼不迭。

造成这样情况的很大一部分原因就是因为我们总是不知道应当怎么正确地作决策，其实这是一门可以掌握的技术。

10.5.1 思维导图帮助决策

思维导图确定问题，促进深度思考

开一家自己的店还是继续打工？这大概是很多人都考虑过的问题，在决策当中，首先应该明确的一点就是决策的问题中心，也就是我们针对什么事情进行决策。

对于决策的中心进行思考，首先要明确成本、损益以及其他因素的影响，并且将这些事情分别列出分数。

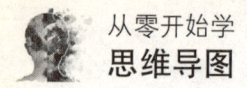

其次，对我们所列出的事情要进行系统的归纳，有些因素可以用是否来进行讨论，有些因素则要从权重方面进行思考。运用思维导图进行思考可以避免作出决策的时候过于主观，因为导图可以将决策的内容列举出来，更加有利于将决策数理化，清晰地体现其优劣。

最后，将决策过程可视化可以使自己的决策有理可依，更加大幅度地提高决策效率。运用导图进行决策并且大量地练习，可以提高广度思考的能力，让自己的思路更加发散。

广度思维

决策过程中进行广度思考，就是指考虑问题的全面程度。要做到决策中的广度思考，首要一点就是要进行信息搜集，通过前期的了解以及分析对决策方案有较为深入的把控，例如择校的时候要考虑其学校的背景、师资力量以及优秀的专业。

前期的思考广度关系到自己知识以及信息的积累，通过阅读或者网络查找资料，都可以让自己掌握的信息更加丰富。在决策当中也可以模拟头脑风暴的过程，对于同一个问题提出多种方案，也是为决策作出更多的备选方案。因此，想要作出精准的决策，我们本身也要做到这几点。

第一，要会提出问题。这一点听起来十分简单，但其实很多人在作决策之前，内心里是没有确定好方向的，这也就导致决策的混乱无目标。因此，在决策前一定要多问自己究竟为什么决策，怎样能够解决自己的问题。

第二，在决策中要学会拆分自己的问题。将庞大的问题拆解成若干简单的问题，这样可以使我们达到目标的手段更加清晰明确。

第三，在决策当中要学会变换自己的思维。不懂得变换思维往往会局限我们的大脑，狭隘的思路往往会限制我们的决策方案，变换思维则能够开扩思路从而对决策整体产生影响。

第四，我们要学会优化自己的思维。其实优化的过程本身就是决策方案的细化过程。例如，当我们决定学习英文却又不知从何下手时，可以将思维优化,将问题细化为选择什么教育机构、选择哪位老师、选择何种课时等。细致的问题会有助于我们快速决策。

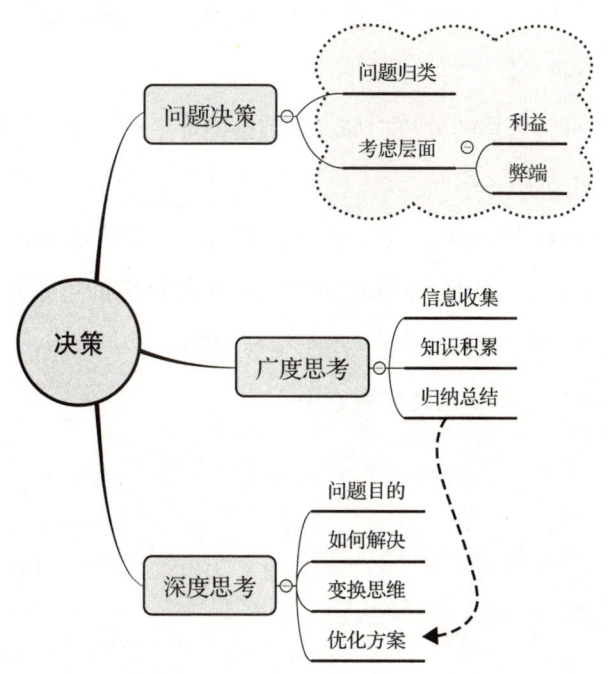

10.5.2 思维导图决策步骤

既然思维导图决策的方式十分有效,那么具体怎样运用,就是我们下面要讲的问题。

Step1:将你面对的选择画到图中央,按照思维导图的形式,将面临决策的事情当成中心问题进行突出展现。

Step2:在思维导图第一层写上作该决策需要考虑的各种因素,尽量将这些因素简洁地表达出来。

Step3:如果某个因素还可细分,就继续细化,让所有可能涉及到的方案都尽可能地细致,因为这样会更加有利于决策分析。

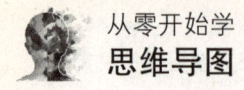

Step4：在因素下面的层级，写上几个不同的选择，再在选择下面的层级写每个选择在这种因素下的利弊，尽量让各个因素的利弊都清晰明确。

Step5：为不同的因素按照损益程度进行打分，一般来说，各个因素可以按照矩阵法进行打分。

Step6：把每个选择的分数相加，分数多的那个就是最终的答案，也就是你的决策最终的结果。

在整个绘制导图的过程当中，其实我们的心中会越来越清晰，因为决策不是"画"出来的，运用思维导图也只是一个将抽象的思维具体化的过程，把模糊的倾向数字化，将你的意识用图呈现出来。

其实，真正的答案早已在你我心中。

第10章
犹豫不决？思维导图帮你作决策

近期有无困扰你的事情？现在就为这件事情作出决策吧！

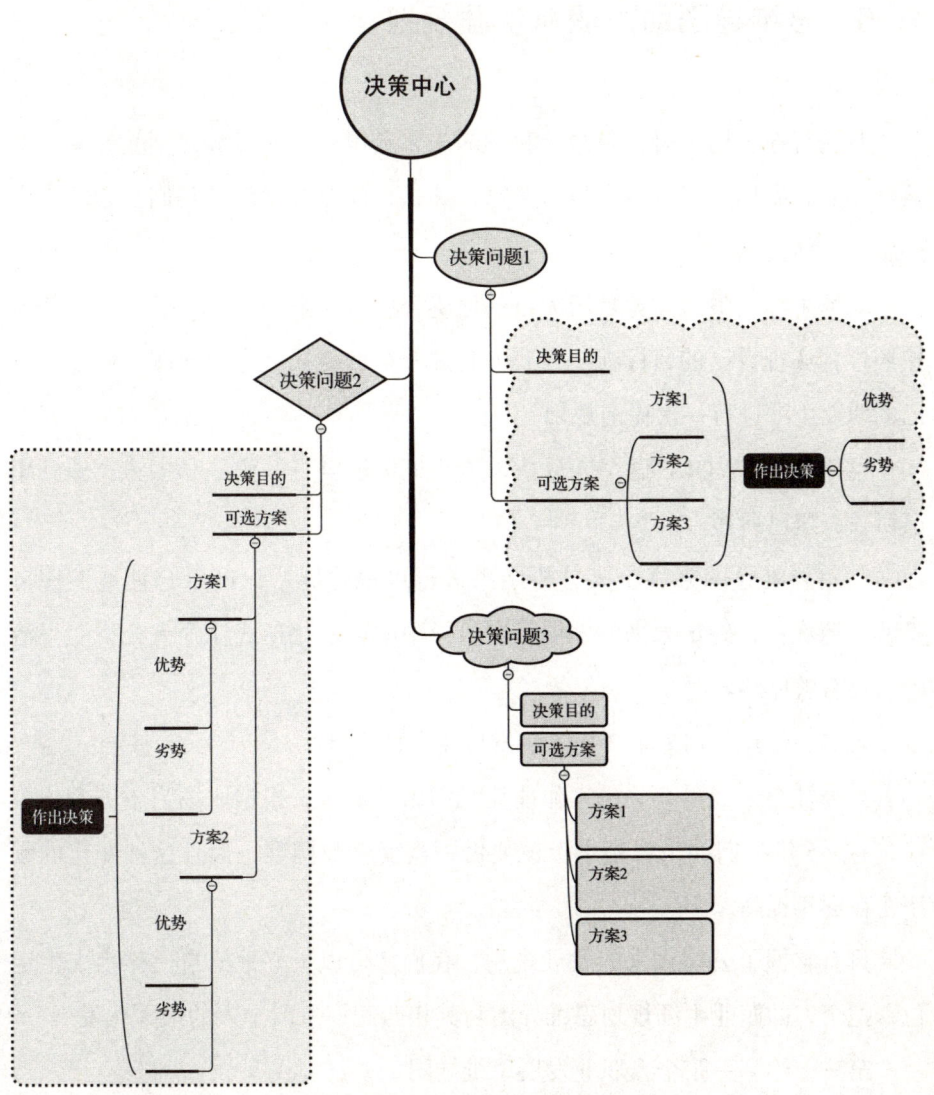

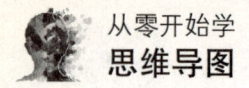

10.6 思维导图助力职业生涯规划

我们身在职场中时,要想让我们的未来获得更好的发展,不光要有一颗热情的心,我们要有资本去争取未来,那么,职业规划就是我们在职场当中必备的一项技能。

职场生涯当中,究竟是漫无目的地凑合度日还是做好自己的规划,并且按照计划实现自己的目标呢?在我们犹豫不决的时候,思维导图就可以为自己的职业生涯进行一次提前规划。

第一,用SWOCE做个人分析,清楚地了解自身的优势和劣势,做到用己所长,避己所短。

利用思维导图来将个人分析结果进行可视化展示,可以合理地发挥自身的资源优势,确定未来的发展方向,导图的可视化形式让个人分析变得清晰,具有整体感。

第二,做在公司未来3~5年发展规划思维导图。

当今社会已经没有一份工作能让我们做一辈子,根据职场当中的变化规律,3~5年我们的工作基本上就要做一次变化与调整,而且这种变化的频率正在逐年提高。

只有掌握了公司未来的发展规划,我们才可以更好地给自己作出人生定位,把个人的职业生涯规划思维导图与其相匹配,争取个人的最大化发展。

第三,绘制一张个人职业发展思维导图。

运用思维导图的方式将自己的个人职业规划呈现出来,并且通过逐步细化来加深自己的目标性,那么这张思维导图也将会成为我们未来人生成长和事业发展的规划蓝图,接下来你需要做的事情就是按照导图提供的方向去实践自己的目标。

第10章
犹豫不决？思维导图帮你作决策

绘制自己的职业生涯规划导图吧！

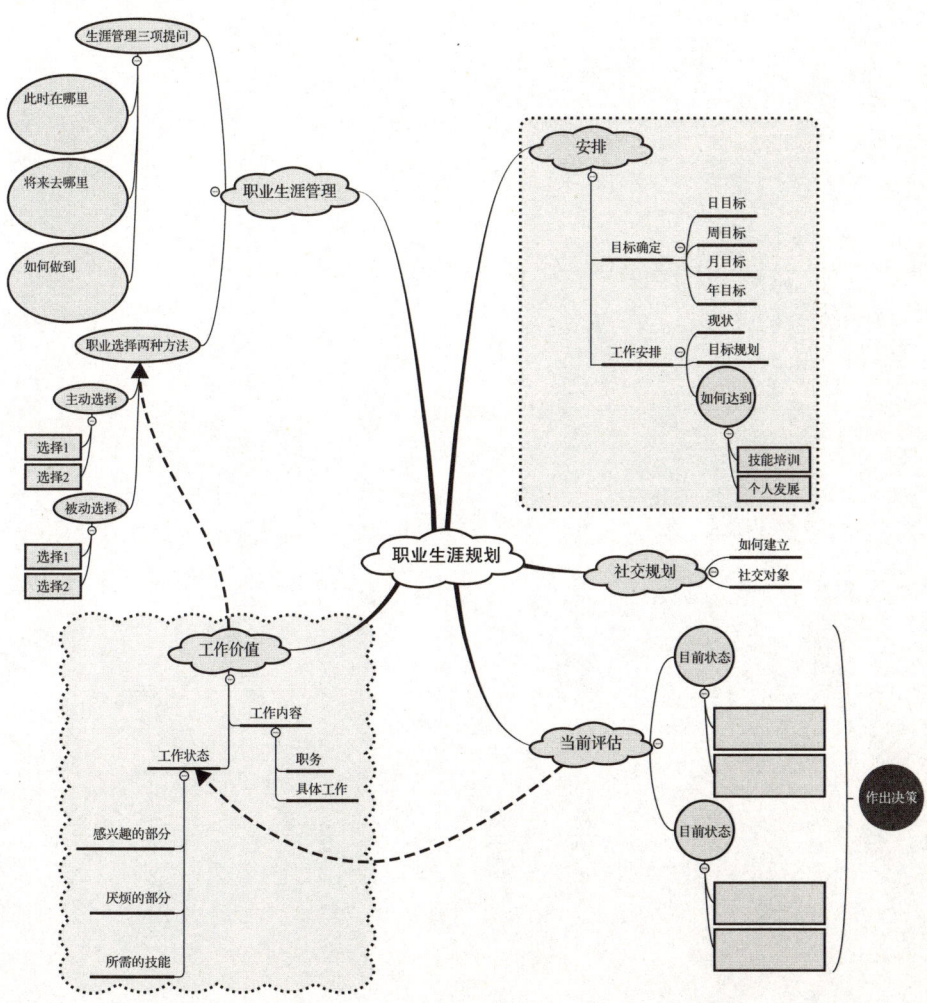

第 11 章
职场必备！会议中的思维导图

　　会议记录是很多上班族在开会时必做的一件事，尤其是对于一些专门从事相关工作的人来讲更是家常便饭。不知道你是否也曾困扰于如何才能将会议纪要做得清晰完美。思维导图就是一个很好的工具，让你的会议记录更加精准。

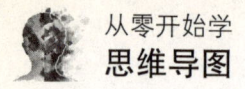

11.1 完美的会议纪要，让老板对你刮目相看

11.1.1 会议纪要的重要性

会议，顾名思义就是集会议事。会议是统一步调迈向理想目标的工具，会议中更快更有效地达成共识，不仅可以为公司节省许多成本，还可以为工作人员节省时间。无论是大公司还是小公司，开会必定是不可或缺的。

会议结果凝聚了智慧的精华，必须及时传达才能切实发挥会议的作用，这就需要做好会议纪要。在会议当中进行记录，会议达成了何种决议清晰明确，也更加便于在会议之后进行参考与执行。同时，会议纪要可以有效地促使会议记录者有针对性地记录重点，使人更加专注于会议中传达的精神、有争议的议题和最终的决定事项，避免出现错漏，忠实地反映会议重要内容。我们在进行会议时做好相关的会议纪要，对于会议内容以及会议本身的理解程度会加深。

做会议记录时我们时常会遇到的最尴尬的问题就是当一个人多次发言时，我们在会议的记录当中难以顾及其前后观点的关联性，那么使用思维导图做会议记录就可以解决这个问题，可以按人或按主题来组织笔记内容。

11.1.2 传统会议笔记的弊端

传统意义上的会议笔记当中，最容易出现的问题就是重点不突出。传统的会议笔记，就是当其他人在发言的时候，记录者将所有的内容都杂乱无章地写在本子上，生怕遗漏主要信息。

这样的方式在会议结束的短时间之内可能还可以记起开会的重要内容，但时间一长，那么会议当中提到的重要内容点就会完全忘记，当我们再看到自己杂乱的笔记时也完全无法想起当时的会议情况。

在会议当中，如果是写字速度快的人，大概还能记下 70% 左右的内容，如果是写字速度慢一点的，则只能记录个三四成，也就是说大多数人的会议记录是不全面的。即使能够记录下这么多的信息，也会产生一个问题，那就是重点不突出，要看完一大段，才知道重点在哪里，而实际上我们只需要知道重点是什么就足够了。

其次，运用普通的会议记录方式会使得记录结果十分混乱。

由于记录者都是听到什么就写什么，没有很强的整理归纳信息的意识，所以往往记录下来的笔记常常都是碎片化的，没有整体结构可言。这就导致了会议记录逻辑性不强的问题，过多内容的堆叠导致会议笔记的结构十分混乱。

同时，运用传统的方式进行会议记录，二次整理需要的时间会较长。这无疑也大大减低了会议记录的效率，也就没有发挥高效会议的作用。

11.1.3 思维导图记录会议的优势

传统的会议记录方式有这样那样的弊端，那么，在这里我们就要引入思维导图这种形式来对会议纪要进行重新定义。

运用思维导图进行会议记录有着各种优势，首先思维导图的形式决定了记录的速度十分快。前文已经叙述过思维导图的特点，其中很重要的一点就是每条横线上只填写一个关键词，也就是说不用把整段话都记录下来，只需记核心词，这无疑大大提高了速度，在会议当中也更有助于抓住关键点。

思维导图的分级结构使得会议记录变得结构清晰。思维导图体现的就是人脑结构，从一个核心出发，然后向四周扩散，再从每个分支下分裂出小分

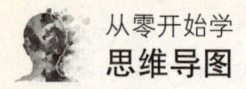

支,每个信息从哪里来都一清二楚,运用导图形式进行会议记录同时也是梳理自己思路的过程。

思维导图进行会议记录还有助于突出重点,由于思维导图的结构非常清晰,所以如果要拿给别人看,别人很容易就能从图上找到他想关注的重点。

用思维导图记录,不需要你画得特别好看,或者颜色特别丰富,只是单纯记录信息,基本上会议开完,笔记就能出来。

最后,思维导图可以有助于思维的发散,以此促进我们自己对于会议主题更深层次的思考。

如果笔记只是给自己看的,不需要发给别人,那你可以在别人的观点旁边简单记录下自己的想法,促进自己进一步思考,发现与别人观点之间的异同。

11.2 不同类型的会议如何记录

11.2.1 头脑风暴型

在日常生活中,我们接触到无数信息,这些信息对每个人都是独一无二的。正是因为这种独特性,每个人都拥有了属于自己的知识以及看问题的角度。因此,在解决问题时,与他人合作是极其有利的。将自己和他人的思维导图知识结合起来,我们将会深化彼此的联想。

所谓头脑风暴型会议,就是一群人聚在一起,就某个议题来进行群体决策或创新思维的一种会议方式。

这种会议存在几个弊端,一是思维容易发散,容易说着说着就跑题;其二是容易产生针锋相对的情况。本来好好地说着如何增加公众号粉丝量的,结果运营部的同事就说还不是编辑部的文章没写好,结果就把话题的中心带到内容质量上了。由于可能会出现跑题的情况,所以最后逻辑可能也比较混乱,同时出现了多个议题。

针对这种情况,使用思维导图记录的时候就一定要用手绘来记录,先抓核心议题,这个核心议题主持人通常都会在会议一开始的时候就说的。将核心议题内容下的东西画上去,如果出现了其他议题,则再画一个圈,作为第二议题。

在集体头脑风暴中,思维导图成为了集体思维的外在反映,或者说集体记忆的"书面材料"。通过这一过程,个人的大脑将自己的能量结合起来创造了一个"集体大脑"。思维导图同时反映了这一过程的演进。集体思维导图达到最佳效果时,与一个伟大思想家所创造的个人思维导图是没什么区别的。

要创作一张集体思维导图,需要遵循以下几个步骤。

第一,定义主题。主题明确、定义精准、目标明确,每位成员都拥有可能与思考相关的所有信息。

第二,个人头脑风暴。每位成员至少应该用1个小时进行速设思维导图以及重构和修订,列出主要分支和基本分类概念。

第三,小型小组谈论。将整个集体分成3～5个小型小组。每个小组的成员交换观点,并把他人的观点纳入自己的思维导图中。用时1个小时。重要的是,一定要保持一种完全积极开放的心态。无论一个成员提出什么观点,其他成员都必须表示支持和接受。这样,提出者的大脑就会受到鼓励,继续挖掘这一联想链。说不定这个联想链的下一个环节就会变成深刻的见解,虽然引发它的观点原本看起来可能无力、愚蠢而又不相干。

第四,制作首个集体思维导图。完成小组谈论之后,就可以制作整个团队的首个集体思维导图了。用一个巨型屏幕或者一张墙一样大的纸来记录基本结构。可以集体完成,每个小组出一个思维导图制作高手;或者由1个人完成，由他负责整个集体的记录；也可以使用 iMindMap 和投影仪。色彩和代码样式必须要事先统一，以确保思维和重点的清晰。

第五，第二次重构与修正。为了抓住刚刚考虑和整合过的思考结果，需要重复上述的几个步骤，也就是说，要进行二次思考与分析，然后绘制含有主分支的思维导图，再进行重构，交换观点。

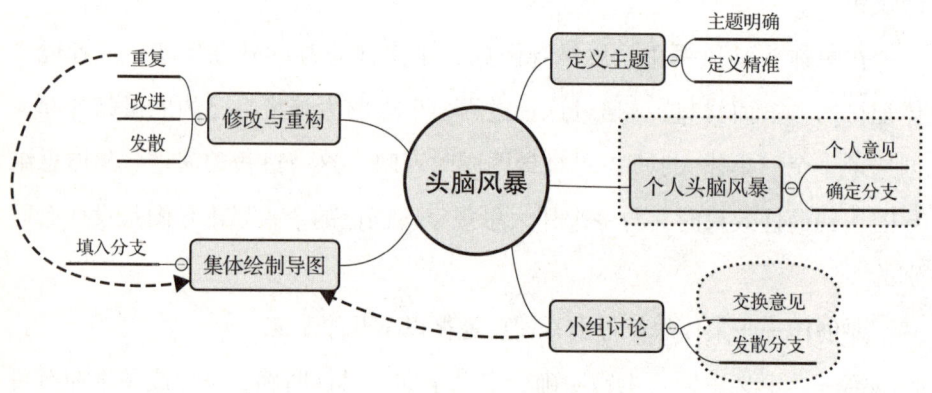

小型小组重新修改思维导图，最终，绘制出第二幅集体思维导图并将两幅导图进行对比。

11.2.2 工作汇报型会议

工作汇报型会议，就是跟上司汇报之前交代工作的完成情况。这种会议参与者通常都会提前准备些材料，准备文稿或者 PPT 来展示一些关键数据，来作为自己成果的展现。

那这种会议的记录方式就可以根据 PPT 的大纲或者说是目录，来绘制思维导图的框架，可以十分有效地整理出所描述的内容。

第11章
职场必备！会议中的思维导图

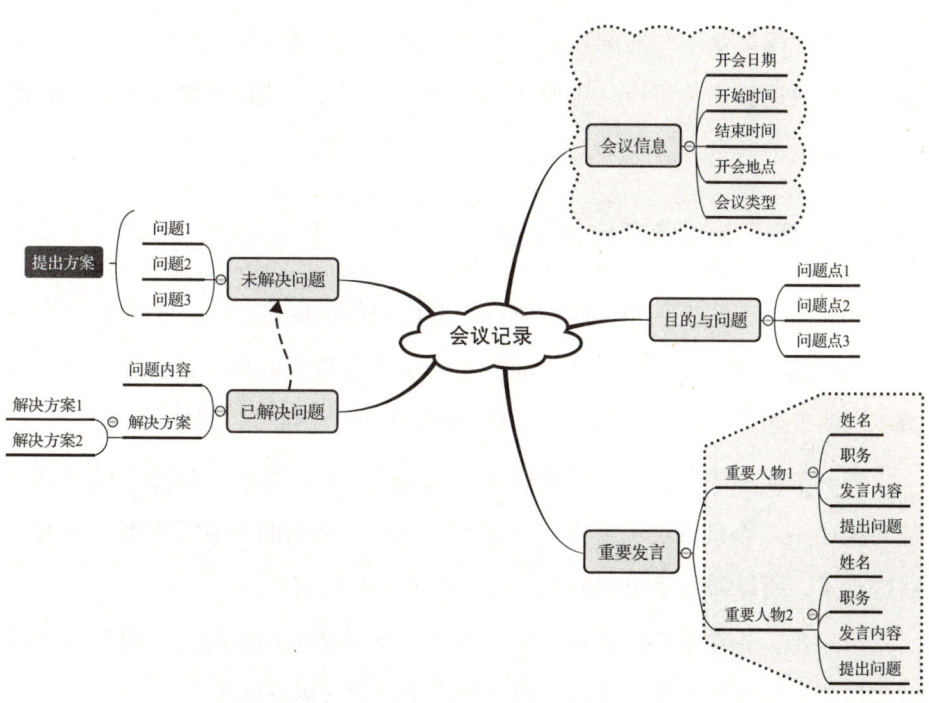

11.3 思维导图助你组织小型会议

组织者可利用思维导图进行会议的策划，将会议主题、参会人员及分工、会议时间地点、会议流程、会议要讨论的具体问题都详细地列出来，这样不仅能帮助组织者清晰地掌握整个会议的进程，防止跑题，还能将其作为会议通知的一部分提前发给参会人，从而让参会人有比较明确的预期。

借助思维导图，会议组织就可以朝着有条不紊的方向迈进了。

工作中经常会遇到一些事，是需要少数几个人来快速讨论，并马上得出一个结论，这个时候就需要组织一个小型会议了，那么，就可以运用思维导图来进行会议组织。

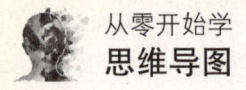

小型会议是要求短时间内就要得出结果的,所以讨论过程中不能偏离主题,需要快速找出关键点。想要达到这个效果,可以使用思维导图,只需要三个步骤。

11.3.1 第一步,确定会议主题

首先要确定这次小型会议的议题,要解决的问题是什么,一次会议当中讨论的问题尽量不要超过 3 个,而且每个议题都需要单独一张思维导图,因为不同的议题都有单独的中心,一旦主题混乱也会导致思维混乱。

举一个简单的例子,公司要组织一次员工团建活动,但是这个时间到底是周末还是工作日确定不下来。现在再不确定,活动的车辆安排等工作就无法进行了,所以需要组织相关人员马上作出一个决定。

第一步,先在中心位置画个圈,写上团建具体的出行时间。只有将会议所要讨论的问题明确了,然后才能围绕这个问题来展开解决。

11.3.2 第二步,绘制导图分支

围绕中心主题画四个分支,分别写上背景、对象、过程和结果。

背景是要明确一下,为什么要做这样一件事,目的先统一了。仍旧以公司团建活动为例,为什么要组织这次团建?背景是想加强员工的凝聚力,让新员工能够快速适应公司生活,是出于这样的一个目的。要明确的是目标不同,最后结果也会不一样。

对象则是标入与会人员姓名与职务。过程和结果在会议中不断填充。

11.3.3 第三步,组织开会

那么最后的步骤就十分明确了,就是按照思维导图所整理出的会议内容组织人员进行小型的会议。

第11章
职场必备！会议中的思维导图

运用思维导图的形式组织一次小型会议。

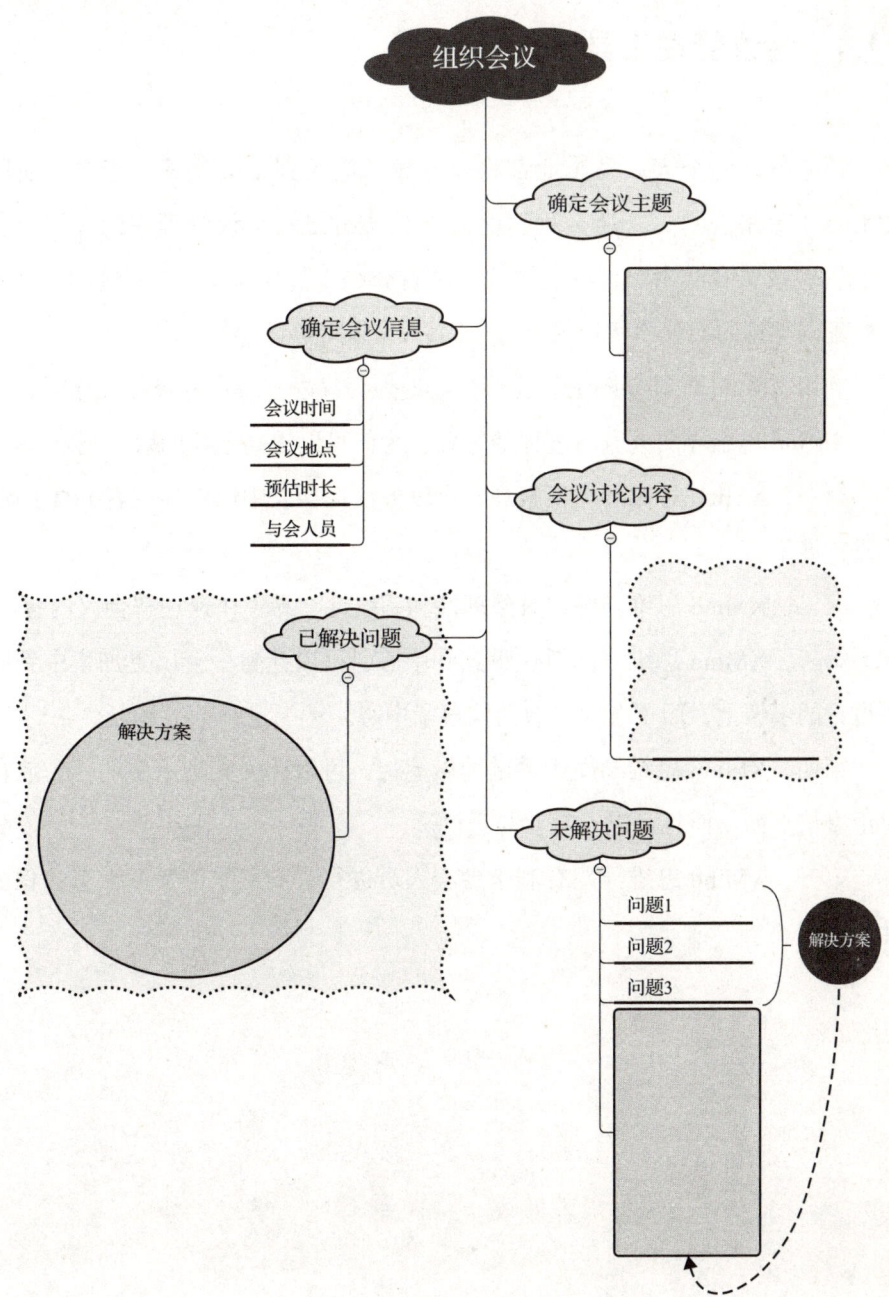

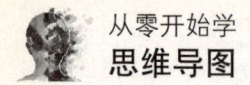

11.4　会议管理工具——XMind

越来越多的个人以及企业都将思维导图应用到了会议管理当中,使用XMind工具最为常见,那么我们就来看看XMind在会议管理中的应用。会议的管理主要有演示、议程、建议、项目介绍、会议总结这几个基本模块,当然不同类型的会议模块形式可能不同,但基本大同小异。

利用XMind思维导图工具能够快速地为会议内容制作一幅思维导图。

XMind思维导图究竟有怎样的好处,为何可以提高会议的效率呢?

第一,XMind思维导图很直观,可以方便在会议中以图片或者PPT的形式进行展示。

第二,XMind思维导图很有条理性和系统性,易于快速理解会议内容。

第三,XMind思维导图抓住重点和中心,可以让整个会议更加集中到应该讨论的事情上,而不会太发散而偏离了中心。

第四,XMind思维导图用关键词做笔记,可以让大家把更多的精力放在讨论事情上面,而且可以一起参与会议。

第五,XMind思维导图有利于参会人员进行头脑风暴,发挥大家的积极性和潜能。

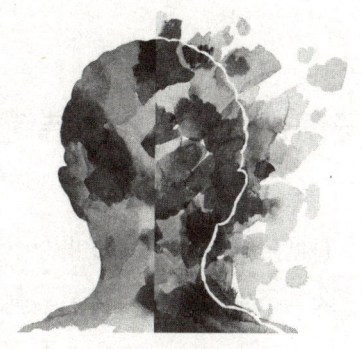

第 12 章
用思维导图梳理人际关系,让沟通时更加自信

  思维导图是运用发散性思维,形成各个逻辑之间系统的关联,把每个关联的点有计划、有步骤地安排,再利用左脑的理性部分和右脑的感性部分,让全脑参与到工作和学习当中来。思维导图是思维的工具,能够方便我们更好地与人沟通,以便达成我们的目的。活用思维导图,可以让沟通更加自信。

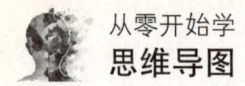

12.1 利用思维导图进行分析,独特简历敲开公司大门

当我们在生活当中遇见陌生人,一番自我介绍都是必不可少的,自我介绍是向别人展示你自己的一个重要环节,它关系到你给别人的第一印象,以及以后交往的顺利与否。但是大多数人做自我介绍都是口述,这样其实并不容易让别人记住你,甚至都没记住你的名字。

自我介绍不仅仅是展示自己的手段,同时,也是认识自我的手段。常言道:"旁观者清,当局者迷。"要想认识自我,给自己一个准确的定位不是一件容易的事情,而通过写自我介绍,会对自己进行一个有意识的梳理。

自我介绍可以有不同的方式,我们最常见的就是口述形式的自我介绍,还有就是书面或书面与口述结合的形式。如何让自我介绍更加全面,逻辑又很清晰呢?我们就可以尝试使用思维导图来进行整理,可以说思维导图式的自我介绍是较为合理的书面自我介绍方式。

而在求职过程当中,为你敲开公司大门的第一个自我介绍就是你的简历。简历的制作本身就是一个自我分析的过程,同时也是求职面试前的关键环节。绘制简历会涉及到的方面有很多,那么在制作简历的过程当中需要考虑哪些内容呢?在这里将用思维导图的形式呈现出来。

有了一份自己的个性化思维导图简历之后,下一步也是十分关键的就是如何将自己的简历在自我介绍当中完整地说出来,这也就是如何有效地进行自我介绍。

进行自我介绍的过程中,同样可以运用思维导图这种形式来整理自己的思路,可以让介绍过程更加顺畅。

第12章
用思维导图梳理人际关系，让沟通时更加自信

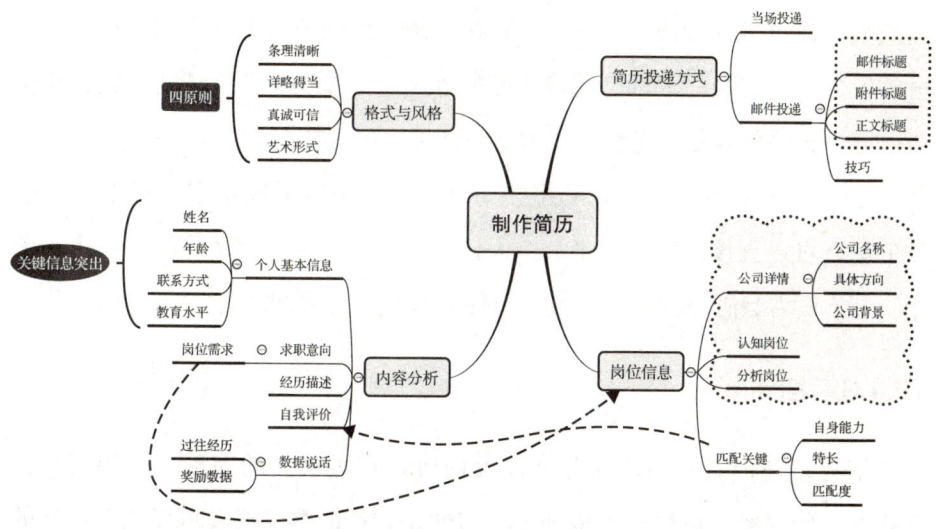

那么，简历究竟应该如何制作呢？

12.1.1 分类

运用思维导图进行简历绘制的时候，可以在中心位置放一张自己的照片或者放置一张符合自己特点的图像，或者动手为自己画一幅肖像画。其目的就是要让大家看到这个图片，就能产生对你的联想，让你和图像联系在一起以加深对你的记忆。

然后展开你想给大家介绍的一些内容，比如爱好、职业、家庭情况等，先不要想具体内容，因为细化分支是后面将要展开的内容。

这其实也是在整理你思路的一个过程，在介绍的过程中围绕这几点就可以了，避免你介绍的过程出现思绪混乱，也不会出现遗漏。

12.1.2 展开分类

这是在第一层分类的基础上继续进行二层的分类，例如在家庭的分支上上，你可以展开为父母的情况、兄妹的情况和配偶的情况等信息。如果不知

道应该如何继续进行分类，就可以直接将想到的细节写下来，例如在爱好的分支上，可以直接写下自己的确切爱好等。这一步也是再确认的过程，确认自己第一步的分类是否完整，如果不完整可以进行补充。

进行这一步还有一个好处是，如果自我介绍的时间不多，只限定一分钟的话，可以直接拿这一步来一个大体介绍，按姓名、地区等顺序一个一个来，别人听着会感觉你很有逻辑性，你的思路也会更加清楚。

12.1.3 细化

细化，是将需要细化的分类以及内容进行进一步的完善。例如当你在介绍姓名的时候，可以适当地加上一些便于记忆的图像或者可以加深记忆的词语。

在不同的分支上将重要的信息进行深入的细化，在进行自我介绍的过程当中也可以使听众听得更加有条理，同时加深对你的印象。

12.1.4 完善导图，关键词图像化

思维导图的一个核心就是图像，因为图像更容易让人记忆。如果你是拿着这个图去向别人介绍自己，用一些生动活泼的图像，可以使别人更容易对你印象深刻。

如果是自己脱稿进行介绍的话，脑子里想着这些画面就可以，不需要死想文字是什么来着，只需要回想在导图当中设定的图像，就能够很快地记起自己需要介绍的内容都有哪些了。

不难看出，思维导图式的自我介绍，能够让人轻易地记住你，印象更加深刻。如果你觉得自己的自我介绍太过单调，试一试运用思维导图来进行自我介绍吧，可以让你应对他人时更加有条理，并且更加自信。

第12章
用思维导图梳理人际关系，让沟通时更加自信

根据上述内容，按照以下模板制作自己的个性化简历吧！

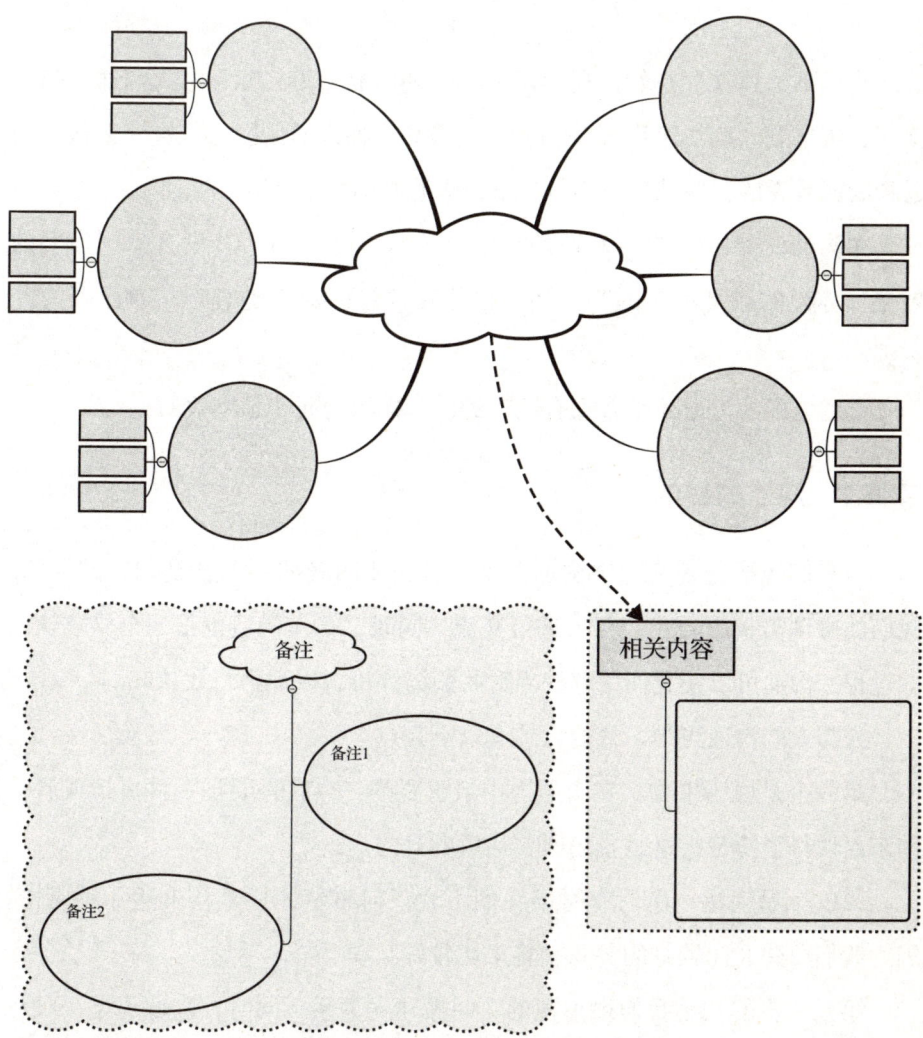

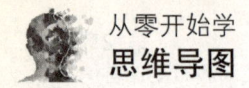

12.2 用思维导图帮你更好地与人沟通

我们不是独立存在的，遇到每一个人都需要交流，如与家人沟通、坐公交车、买早餐、职场工作等等场合，这需要一种沟通的能力。很多人认为沟通指的就是说话，但其实在实际当中，沟通并不简单地等于说话。

在沟通时一定要明白沟通的目的是什么，你说的话有没有达到你要的效果？你说的话是你想的吗？还是说你在开口前就干脆忘记了自己要说什么呢？

究竟怎样的沟通才是做到有逻辑的，怎样的沟通才是有效的呢？

12.2.1 沟通的目的

当我们想要与别人建立沟通之前，首先要明确的一点就是沟通的目的，我们的生理需求需要我们与人进行交流，同时，与人沟通也是一个寻求认同的过程，沟通可以使我们了解外界对我们的评价，以加强自我认知。

人与人的沟通当中，目的大致有以下几点。

第一个是说明事物。在沟通当中最重要的一点就是要把一件事情或者一件东西说得很清楚，这是我们所要达成的目的。

第二个是表达情感。有时候我们不说任何事情，只是在表达一种感情。因为我们要建立比较好的关系，将来比较好互动。

第三个目的才是我们很重视的，叫做建立关系。同时，沟通也是一种社交需求，人需要与人交流，那么沟通就是由内而外建立关系的重要环节。

在职场当中，沟通更加具有实际意义，在解决问题以及达成共识等方面都需要与人沟通。

那么，沟通的首要目的就是让其他人能够清楚你所要表达的究竟是什么。

12.2.2 为何出现沟通障碍

我们在日常的工作生活当中，总是会出现与他人交流不协调或者是分歧的情况，往往原因就是沟通不畅。

很多时候我们的想法无法有效地传递给自己的听众，导致沟通无效，相信这也是很多人头疼的问题。为什么无法将自己的想法传递给他人呢？出现沟通障碍的原因又有哪些呢？

首先，在沟通当中以自我为中心。思维是沟通的基础。任何一个有目的的沟通皆始于自我。因此，自身的思维是影响有效沟通的重要因素。在进行沟通之前首先要学会做一个聆听者，如果双方既不能正视自我也不愿正视他人，更谈不上设身处地站在对方的角度考虑问题，那么沟通自然也就会产生很大的障碍了。

其次，很多人出现沟通障碍的原因就在于自身的会话逻辑较为混乱。

沟通不等于说话，沟通的要诀就是要通过叙述使他人明白自己的想法，那么一场思维逻辑混乱的对话就无法起到沟通的效果。很多人在与人交流的过程中常常前言不搭后语，这样即使再重要的观点都无法有效地传递给他人。

这也是为什么我们会在工作当中出现沟通障碍，想要让自己说的话以及自己的观点使人更加清晰地听懂，那么我们在职场当中就要学习如何进行有

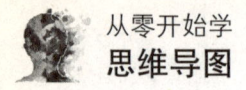

效沟通。

12.2.3 职场中的有效沟通

所谓有效的沟通,就是指将自己的想法恰当地表达出来,以促使对方接受。沟通的对方无法理解或者因为种种原因不肯接受,这种沟通就是无效的,也可以说是沟而不通。

在职场当中,有效沟通又是交流的一个相当重要的原则,工作当中的有效沟通往往被赋予了更加重要的使命。职场当中的有效沟通从其概念上来讲,是为了一个设定的目标,把信息、思想和情感在特定个人或群体间传递,并且达成共同协议的过程。有效沟通可以使员工准确地理解公司决策,提高工作效率,化解管理人员与普通职工之间的矛盾。

沟通的过程就是对决策的理解传达的过程。决策表达得准确、清晰、简洁是进行有效沟通的前提,而对决策的正确理解是实施有效沟通的目的。在决策下达时,决策者要和执行者进行必要的沟通,以对决策达成共识,使执行者准确无误地按照决策执行,避免因为对决策的曲解而造成的执行失误。

有效沟通也是使所讨论的问题由表象过渡到实质的一种手段。在工作或者是生活当中所遇到的一切问题,只有从问题的实际出发,实事求是,才能得到真正的解决。

在沟通中获得的信息是最及时、最前沿、最实际、最能够反映当前工作的情况的,在我们的日常工作当中,与他人沟通或者是自己思考工作的内容以及在工作时遇到的问题,都可以使我们对当前的问题获得更加深入的了解。

我们遇到问题却不及时与他人进行沟通,只是单纯地从事物的表面现象入手来解决问题,不深入了解情况、接触问题本质,那么就有可能会给自己的工作带来失误,导致自己的工作进程被拖慢,因而延误了工作时间。

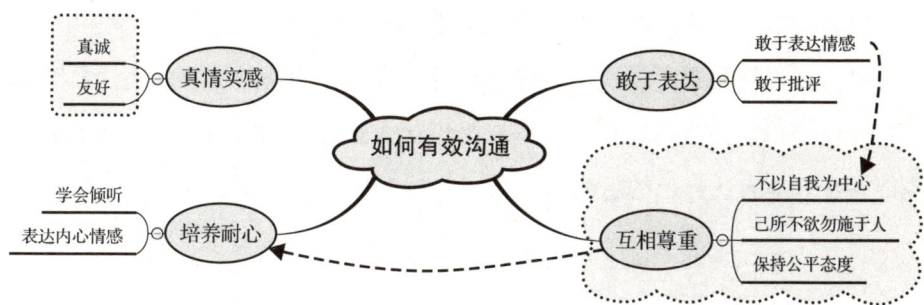

个人与个人之间、个人与群体之间、群体与群体之间开展积极、公开的沟通，从多角度看待一个问题，我们的工作就能统筹兼顾，未雨绸缪。

12.2.4 视觉化思考对于沟通的作用

很多时候我们做不到有效沟通，就是因为我们在与人交流时"卡壳"了，如果我们懂得如何运用视觉化思考模式来进行沟通的话，就能够使有效沟通更加容易。

我们拥有一个视觉大脑，在我们的大脑中，有70%的神经都和视觉有关，神经科学研究表明，人脑获得的信息总量的近一半都来源于视觉功能。当我们沟通、讲话、表达、做笔记、写作、讲故事时，一定要唤醒一个人的"画面感"，否则就只能打动三分之一的人。

想要唤醒一个人的"画面感"，那就需要去了解可视化思考。那什么是可视化思考呢？它是一种思考方式，它能把你杂乱的想法用可以看见的形式逐步规整地呈现出来，并让你的左右脑实现高效协作，让眼、耳、手、脑齐开动，使你的思考系统化、结构化，并最终清晰地表达出来。

为什么视觉化思考模式在沟通当中如此有效呢？

首先，将自己的想法以及想说的话运用视觉化的方式进行呈现，会更加直观，因为大脑对于视觉化的事物印象更深。

其次，视觉化思考可以使沟通的内容传播效果更好，因为直观的图像会提供更多的信息，可以使沟通变得更具有条理性与连贯性。

最后，视觉化思考模式可以提升自身思维。好的视觉框架能够让复杂的事情变得简单，而且可以相互支撑，提供让人意想不到的内容，在交流当中也能够更好地表达自己的想法与观点。

12.3　思维导图助你演讲

我们在对交流沟通以及人脉关系网管理进行讨论之后，要知道其实沟通包含了很多方面，而探讨问题只是小范围沟通，那么这就引出了人与人沟通的另一个方面，那就是演讲。

演讲可能出现在很多地方，也许是主持一次会议内容，也许只是一次当众的自我介绍，或者是在公开场合进行一个有准备的讲解。

许多人对演讲有着深刻的恐惧，因为当我们讲话或演讲时，我们的身体和精神全部暴露于众，在观众面前难以避免的错误全都无处藏匿，也就会产生恐惧心理。为了对付这种恐惧，很多人花数小时甚至数天时间来撰写演讲稿，这样做实在是浪费时间，而且获得的结果常常和期望的相反。由于你总是不停地低头看那些演讲稿上的句子，你就会经常中断与观众的目光交流。你必须不停地抬头看观众，你又会经常搞不清念到哪里了。最重要的是，因为你必须拿着演讲稿，你那富于表现力的身体不得不禁锢在固定的姿态上，所以你从一开始便失去了 50% 的交流能力。

如果我们引入思维导图这样可以将思维转为可视化的表象形式，那么，我们在讲话当中也会表现得更加游刃有余。在准备演讲的过程当中，思维导图又可以起怎样的作用呢？

第一，思维导图可以用来系统地管理演讲过程。

演讲并不只是发生在现场的那一段时间而已。在演讲前后都有许多细节要处理，这样才能保障整个演讲最终成功。通过思维导图我们可以把整个演讲活动当成一个系统来进行管理，从演讲前的准备、演讲中的过程控制到演讲后的跟踪都进行精细化管理，确保演讲的整体成功。

第二，可以运用思维导图来梳理演讲整体大纲。

演讲人讲什么？讲给谁听？效果怎样保障？这些都需要演讲人对演讲内容进行整体设计，这时我们可以用手绘或者软件绘制思维导图，明确演讲纲要与重点，并对重点内容做出标识，给予提醒；同时演讲前可以按照大纲进行试讲，或在内心进行反复记忆，这样保证自己对演讲内容足够熟悉。

第三，运用思维导图呈现演讲内容细节。

通过思维导图对演讲大纲层次分解展开，演讲大纲内容得到逐步的细化，使演讲的内容更加丰富、完整，对行动要求更加明确。运用思维导图梳理时，可以用关键词来体现各分支的要点，正式成文时，还是要按照自己习惯方便的格式进行描述。

第四，思维导图更加方便记忆演讲要点。

一篇演讲稿通常有很多页，我们不可能一字一句去背诵，通过思维导图我们可以把演讲大纲结构化，最好是把演讲的重点、要点等信息用显眼的字体、颜色标注，这样我们即使扫一眼思维导图演讲大纲，也可以引发对演讲内容的回顾，即使演讲中出现紧张忘词等意外情况，也可以扫视思维导图演讲大纲帮助恢复记忆。

那么，在自己的演讲当中应该怎样引入思维导图呢？

就像你绘制平常的思维导图一样，把你的演讲题目简单地写到思维导图的中央，然后以此为中心，呈放射状地标明你想列出的关键图形或文字，遵循思维导图的绘制原则，尽可能地将关键点进行夸张放大，这样可以使大脑的记忆点更加丰富明确，在演讲过程中回忆起关键点的图形，就会自然而然地对演讲的流程有了流畅深刻的记忆。

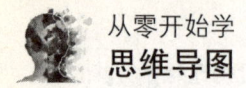

当你绘制完思维导图后，用数字标出你要讲解的各分支的次序，突出主要论点或分支间的主要联系。

使用思维导图的优势在于它使你的大脑能够时刻关注"全景图"，你可以在演讲过程中增加或删除某些信息，而不会漏掉你想要强调的关键论点。你的眼睛可以更多地与观众进行交流，你的身体和大脑会更加自由。

演讲的思维导图给了你最根本的自由——保持你本色的自由。

12.4 思维导图实现视觉化，创造良好沟通，促进人际交往

视觉化思考对沟通起到了十分有效的作用，而思维导图其实质上就是将抽象的想法视觉化表示出来的一种方式，运用思维导图将自己的思路与想要表达的想法绘制出来，可以使得我们的沟通更加流畅、自信。

思维导图怎么样助力人际沟通？又是如何运用的呢？

12.4.1 运用思维导图绘制沟通流程

第一，明确自己要说的是什么，也就是要明确沟通的目的，并且将其作为思维导图的中心问题绘制在图纸的中央。

如果目的不明确，就意味着你自己也不知道说什么，自然也不可能让别人明白，自然也就达不到沟通的目的。

第二，对于所要沟通的中心问题进行分散，例如明确沟通的时间、沟通的对象、沟通的内容，以及沟通的具体方式等。

沟通的时间一定是我们要着重进行考虑的，因为不合时宜的沟通很难起到效果，如果想要很好地表达自己的想法，起到良好的沟通效果，首要掌握的就是沟通的时机，并且把握好沟通的火候。

明确自己的沟通对象同样十分重要，不同的问题以及想法所要传递的对

象也是各不相同的，一旦选错了沟通对象，那么就像对牛弹琴，自然也达不到沟通的目的了。

第三，必须要知道应该怎么进行表达，也就是要掌握沟通的正确方法，那么在这里我们就要运用思维导图这种方式，对自己的想法进行可视化展示，这样有助于我们将自己的想法展现给他人，也可以使自己在表达过程中更加有逻辑性。

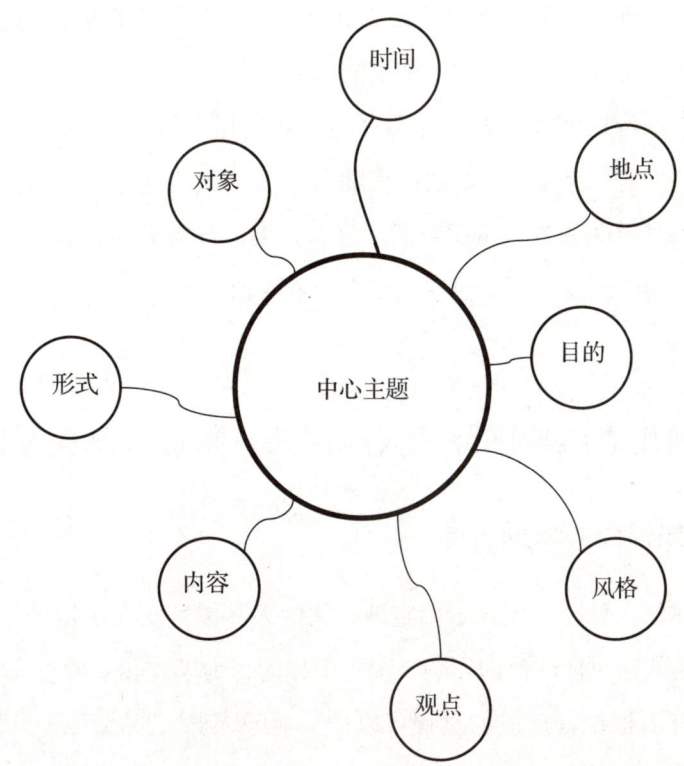

12.4.2 运用思维导图组织交流互动

在前文中讲解了如何运用思维导图的方式将自己的想法展示给他人，并与之沟通，思维导图的这种形式同样适合多人之间进行沟通。

在工作当中，我们时常会遇到小组需要开会沟通的情况，那么运用思维

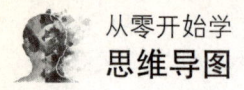

导图这种工具，就可以将原本枯燥乏味的交流讨论变得生动活泼起来，加强了讨论者之间的互动，让讨论的问题更加清晰。

首先，在运用思维导图进行互动的过程中，可以一边进行交流一边绘制，亦或者可以事先将自己的思维导图绘制妥当，然后在与他人进行交流的时候进行展示。

其次，如果在小组的沟通过程当中共同绘制思维导图，那么思想之间相互的碰撞以及理解上的沟通可以更加快捷。可以一方制作的导图让另一方修改完善，从而变成思想统一的、细致的思维导图。

最后，在沟通间隙用思维导图总结沟通过程，为进一步沟通做好准备，这样也就大大地加深了有效沟通的程度。

运用思维导图的方式组织交流，可以大大提升沟通的有效性，同时可以使信息之间的交流变得更加快捷，使人印象深刻。

12.5　利用思维导图处理人脉关系，整理人脉关系网

12.5.1　如何建立超强人脉

管理你的人脉圈，应该定期整理，你的人脉圈其实就决定了你的潜在财富圈，因为他们对你的反向影响，决定了你的行为模式和思维模式。

人脉资源根据其形成的过程可以分为血缘人脉、地域人脉、学缘人脉、事缘人脉、客缘人脉、随缘人脉等。

如何获得有价值的朋友并且做好人脉管理，首先要做好以下两点。

第一，建立自己的自身价值。

在这一点当中，"价值"指的就是自己"被利用的价值"。在我们对自己的人脉关系进行盘点之前，首先应该冷静地问问自己，自己是否是有价值的人，或者是否"对他人有用"。提升自身的价值，就容易构建自己的人

脉关系，当自己达到一定的高度，各种各样的人脉也会以你为中心，向你涌来。

第二，向他人传递自身的价值。

这一点就要求我们学会如何与他人进行沟通，同时也要求我们在构建自己的人脉关系网的过程中要学会相互联系。如果你在人际交往当中已经做到十分有"价值"，而围绕在你身边的朋友也都是各有各的价值的，那么你为什么不将他们都联系起来、形成一个关系网呢？

将自己的人脉资源联系起来，可以在彼此之间传递信息，产生更多的价值。要知道，当你只是人脉关系当中的一个接受或者发出信息的点时，你的人脉关系都是单向的，并且彼此之间没有联系，那么依靠人脉关系所产生的价值也都是有限的。

一旦你建立起自己的人际关系网，你就会成为信息和价值交换网络中的一个中心枢纽，你的人脉关系就会巩固并且逐渐扩大，这样各个人脉之间的联系性加强，能够为你提供的价值也就增大了。

运用思维导图的方式建立人脉圈，就是一种十分快速便捷的方式，有利于人脉之间的价值传递及升华。寻找并且建立自己的价值，然后把自己的价值传递给身边的朋友，以此促成更多信息和价值的交流，这就是建立强有力的人脉关系的基本逻辑。

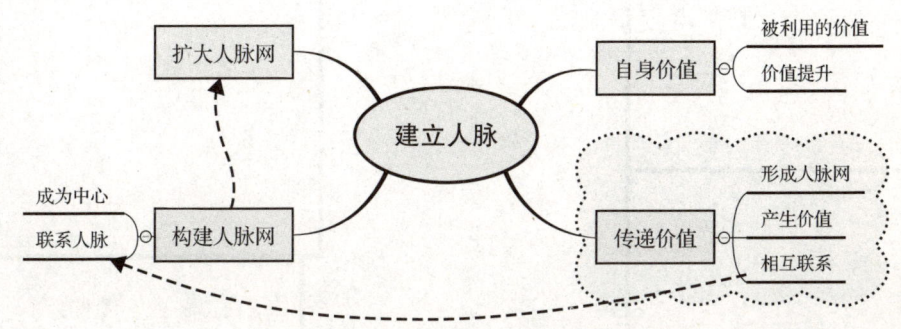

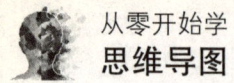

梳理自己的人脉关系结构。

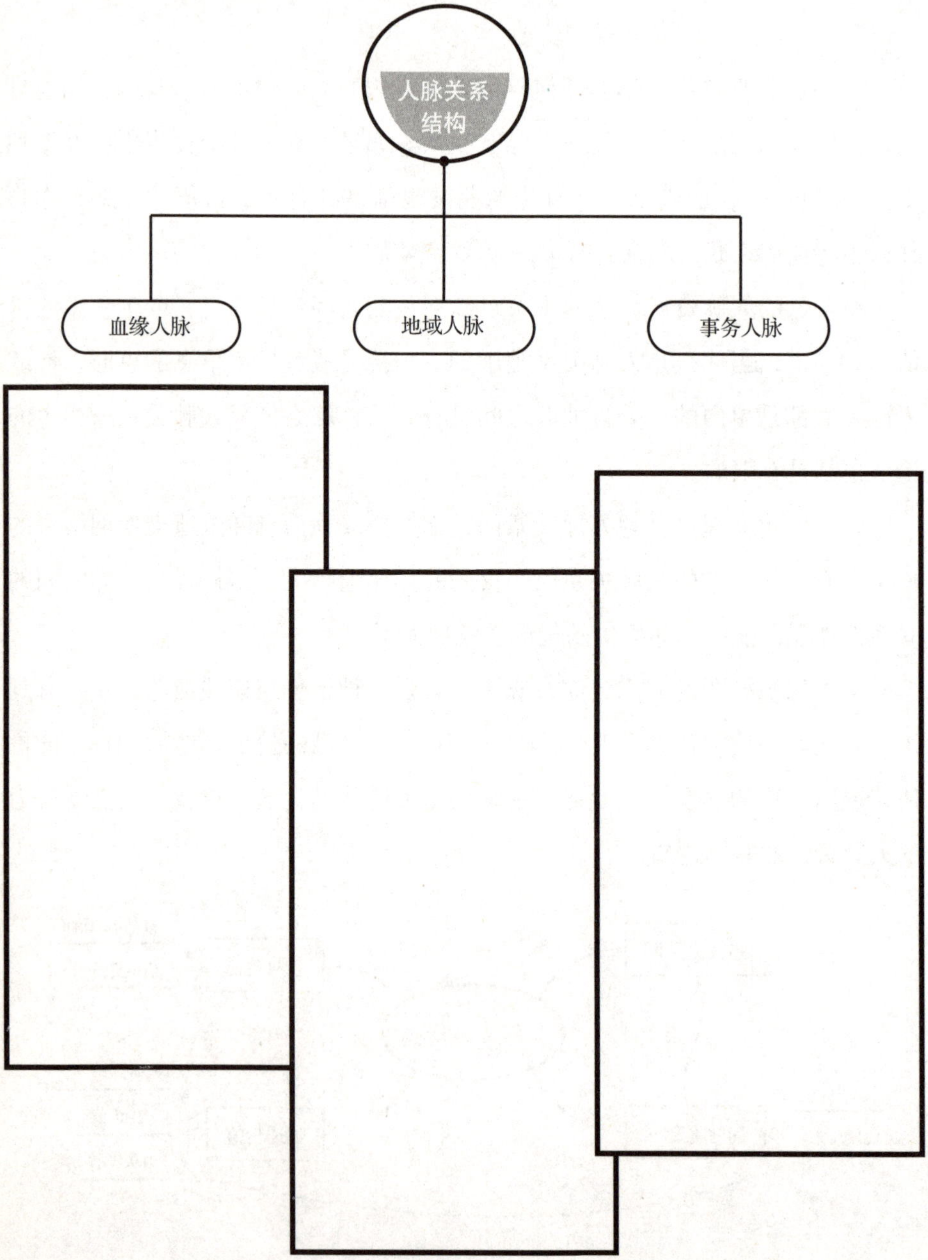

人脉关系结构

血缘人脉　　地域人脉　　事务人脉

12.5.2　初入职场如何快速理清人脉

了解了如何构建人脉的基本原则之后，作为初入职场的新人，又该如何能够在紧张的工作环境当中快速理清自己的人脉关系呢？

众所周知，人脉对一个人的成功可谓是关键之关键，无论你的能力有多强，也无法只靠个人去实现自己的梦想。良好健全的人脉关系网就如同一条条毛细血管，能够为你的人生注入成功的血液。

在职场，人脉的重要性更是不言而喻，有许多职场新人都非常关心应该如何经营自己的职场人脉。那么，在刚刚进入一家新的企业时，如何做才能够快速地理清自己的人脉关系就成为了职场新人们关心的话题。

第一，你要了解你所在的企业

这一点听起来十分简单，但这往往是很多初入职场的新人没有把握好的一个环节，公司的背景以及企业文化都是建立人脉的重要因素。

作为初入职场的新人，请从深入了解你所在的企业开始。除非你对自己工作的使命、公司的运营模式、面临的挑战、目标、怎样达成这些目标，以及哪些人负责哪些事情有深刻的了解，否则你将永远无法真正掌握企业的情况，就更无法做到在工作后期的人脉管理。

首先，了解自己的企业工作流程以及整体业务方向。很多新人进入职场后，经过半年甚至一年的工作之后仍旧对自己的岗位一知半解，对于公司的整体构架也毫无头绪，只是每日浑浑噩噩地进行着自己的工作。

作为职场新人，了解自己企业的整体业务方向也就是给自己人脉关系提供了一个明确的发展方向，因为你的工作属性以及企业的业务也就决定了你的人际交往圈，同时也就确定了你的人脉关系网。

那么，在初入职场时，怎样才能快速地了解自己的企业呢？

职场新人应该从整个企业或是某些重要部门开始了解，掌握公司的内部信息来源，然后收集网络上的相关信息，如产业专家的分析、产业期刊、政

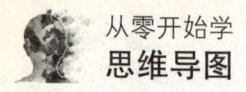

府及管理机构的报告等，对自己的企业做出一个整体的分析定位。同时，你可以对于公司的中长期目标、策略、商业模式及重要计划进行一定的了解，这也很大程度地确定了公司所制定的企业发展方向是否符合自己所期望的发展方向。企业的发展方向直接影响你在工作当中接触到的人，也同时会影响自己的人脉关系网。

同时，要明白自己的企业当中自己所在的组织部门究竟是如何运作的。进入职场后，通过观察或者询问同事的方式简单地了解不同部门、单位及组织中的其他团队都在做什么，彼此怎么运作配合。尤其是你必须了解自己的部门在公司扮演的角色，以及你的团队在其中的地位，因为这也是直接影响自身人际关系网的重要方面，找准自己在企业当中的位置，可以发展属于自己的社交圈，对于人脉的构建有利无害。

在对自己的位置进行了解之后，同时也要掌握组织中的影响力分布情况，这在构建自己的人脉关系网的过程中也是重要的一步。公司的非正式组织图是怎样的？在公司进行重要决策时，比较有影响力的人或团队的意见通常比较有分量，那么，这样的人就是你的人脉关系网当中的重头。

哪些人拥有正式职权？哪些人的意见受重视？在会议及其他场合，请注意哪些人或哪些团队的意见最受重视。大家平时最常谈到哪些人？哪些人的工作对达成组织目标比较重要？哪些人关系密切？

以上问题都是在初入职场应该做好准备的内容，尤其要知道的是私人关系非常重要，建立自己的人脉关系网的过程，本身就是拓宽并且整理自己私人关系的一个环节。作为职场新人，对于自己身边的人以及身边人的人脉关系进行了解以及分析是十分有必要的。

第二，明确自己的前进方向

这一点听起来没有什么新意，但要知道的是，如果想要画出自己的人脉网络，那么作为职场新人的你必须从了解自己的团队及工作内容开始，同样重要的就是要明确自己的工作前进方向。

团队主要的任务和运作模式是什么？哪些是团队的成功关键因素？关键绩效指标是什么？团队与哪些人或团队相互依存？

在你自己的工作团队当中，身边都是与你朝夕相处的同事，这些人就是与你联系最紧密的人脉关系，那么明确团队的前进方向以及自己的目标方向可以使你构建与同事更加良好的沟通。良好的沟通就是构建良好人脉的关键，在工作当中和同事共同拥有一致的目标，更加有利于人脉网的构建。

第三，运用思维导图绘制人脉关系图

那么，开始构建自己的人脉关系网时，可以通过视觉化思考方式对错综复杂的人际关系脉络进行可视化整理，那么在这里就可以运用思维导图这种形式对自己的人脉关系进行绘制。

首先，开始列出你的人脉网络中的名单。

在这一步当中，究竟应该将谁列入你的人脉网络，这一点是需要考虑目前及未来的需求，找出所有与你、你的团队互相依存的人或团队。整理第一层人物的时候要明确，在自己的工作环境中，团队当中哪些同事是你需要建立稳固的人际关系的，而为什么你需要与这些人建立稳固的人际关系，这就是你的运作人脉。

在思维导图的分支下写下他们的名字。我们使用思维导图绘制人脉关系时，在列名单的过程当中要注意一些常见陷阱及错误，首要一点就是，不要只想到每天与你见面或一起工作的人。这是因为如果你的人脉网络没有考虑到未来的需要，你想得恐怕就不够完整，而你的未来不会仅仅局限于和这些朝夕相处的同事建立关系。

多样性的人际关系网络比单一的人际关系表更加重要且具有价值，因此，在绘制思维导图的过程中，你需要一些桥梁，帮助自己与更大的工作环境连接起来，这会让你接触到更宽广的人才、思想和资源。

其次，在你的人脉关系导图当中可以加入自己的竞争对手，或者说与你有利益竞争关系的人，不要排除那些曾经反对你或没有支持你的人或团体，

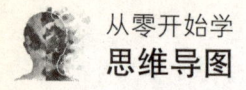

如果你需要他们或是他们需要你,请把他们放进你的名单中。

在进行第一层人际关系整理的过程中,一定不要忘记自己的外部资源人脉整理。在你的思维导图当中是否包含了在你的工作之外却又十分重要的人员,例如你的客户、其他部门的管理人员等,也应该是你人脉关系网当中重要的一个环节。

最后,在绘制好第一层人际关系导图分支之后,要对自己的思维导图进行一次重新的审视,对于思维导图的内容进行评估。

这就是思维导图的一个检查过程,按照上文讲到过的方式,将列在思维导图当中的人员进行一次分类,并且做出重要性的评分,1代表重要,2代表很重要,3代表相当重要。这样打分之后可以对自己工作当中需要经营的人际关系进行一次简单的筛选。

对人脉涉及的人员进行重要性评估的同时,也要对当前与不同人的人脉稳固程度进行评估,将与不同人的交往情况重新打分,1代表有待加强,2代表良好,3代表关系稳固。这样二次打分不仅可以看出不同的人在我们的人际关系当中的重要程度,同时能够清晰地看出与不同人的交往程度,更加清晰地明确了下一步建立人际关系当中应该怎样做。

第四,建立人脉关系网

初步绘制了自己的人际关系图之后,接下来就要让单线延伸的人际关系形成一套系统的人际关系网。

建立人脉关系网最重要的一点,就是要学会将处在自己的人脉关系当中的人员都联系起来,你可以通过一些手段例如组织小型会议、聚餐等等,将处在自己人脉网络当中的人联系起来。

在建立自己的人脉时,你还可以通过已经认识的人来结识其他也应该列入名单的人选。可以多花点时间去寻找那些能够拓展你的世界、为你提供渠道的人,他们可以帮助你获得平时无法接触到的信息。

当你的人脉网络及知识不断扩充时,一切就会变得得心应手。认识的人越多，你就越能通过引介认识更多的人，同时联系人脉的能力越强，加上对组织的了解越来越深入，都会让你自己人际关系网变得越来越庞大。

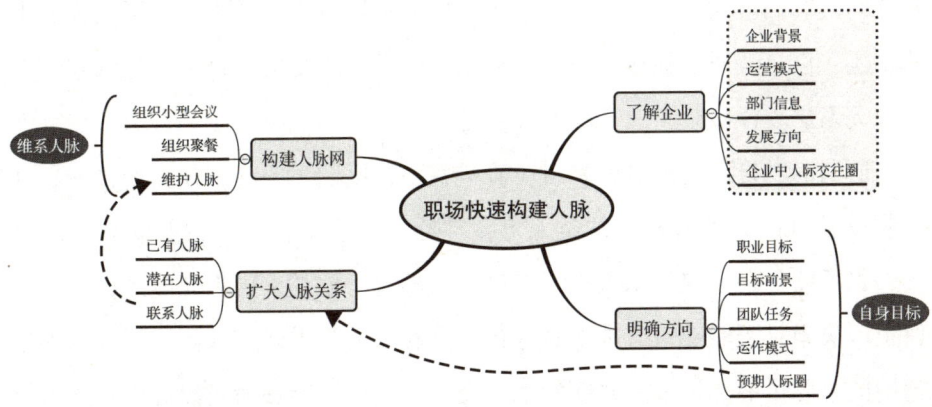

12.5.3 运用思维导图管理通讯录

在工作当中对于人脉关系圈进行管理时，你有没有遇到过这样的情况：当你打开手机通讯录或者微信朋友圈的时候，却发现所有人的信息都掺杂在了一起，没有明显的分类，当你需要联系某一个特定的人时，很难一下就找到。

在人脉管理中很重要的一个方面就是要学会对自己的朋友圈进行管理。

在我们的通讯录当中，有多少人是和我们有直接联系的，又有多少人是我们多年没有联系过的？有些人的通讯录满满当当，这样就真的是人脉广吗？复杂的通讯录与朋友圈对你的人脉关系网络建立有百害而无一利。

通讯录也是我们人脉的一个体现，就和名片的性质一样，有多少名片在我们到手之后便随手一放了？通讯录当中的联系人又有多少人真正是在我们的人际关系网当中的？

首先，在我们学习通讯录人脉管理之前，我们要知道的就是强连接与弱连接的概念。

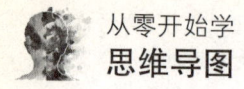

所谓的强连接就是在你的工作生活当中与你接触、互动频率较高的一类人脉，例如你的工作同事、朋友、家人等。强连接关系通常代表着行动者彼此之间具有高度的互动，而且强连接当中的人脉分类中的人能够影响你的生活轨迹。但是，通过强连接所产生的讯息通常是重复的，这也会导致我们的人脉关系比较容易形成一个封闭的系统。

所谓的弱连接自然也就是对应着一些在自己的生活、工作当中接触、互动频率较低的一类人脉，这类人十分广泛，可能是很多年没有联系过的好友，也可能是在一次活动当中只见过一面的人。这类人脉十分庞大，是否保留也取决于是否能够对这类人脉进行一个有效的分类以及预测，因为弱连接当中的人脉可能会带来一些新的未知资源，往往也能够为我们提供新的人脉拓展。

了解了不同的人脉连接情况，再看我们手中的庞大通讯网络，我们就会有更加深刻的体会，也就能够对自己的通讯录进行更加精准的整理与分类。运用思维导图的这种视觉可视化方式，能够更加有效地将我们的通讯录整理成形。

绘制自己的"朋友圈"

在对通讯录进行管理之前，按照思维导图的方式，首先要将我们需要整理的通讯录人脉作为中心主题，并且将其放大，达到醒目的效果。

在我们对自己的通讯录进行整理的时候，可以从以下几个方面着手。

第一，首先要列出"紧急"联系人。

在我们对自己的通讯录进行整理的时候，首先要将"紧急"联系人作为一个单独的分支列出来。在这里的"紧急"指的并不是在危机时刻需要联系的人，而是说在接下来的三天或者一段时间之内可能会和你产生多次接触的人。这类人脉之所以要单独列出来，是因为在一段时间之内这些联系人都会是你人际交往当中的重中之重，能否妥善运用这部分人脉，能否在沟通交流过程当中建立起强连接就是我们所要做的关键。

第二，将庞大的人脉进行整理，将不同的人脉分门别类，贴上不同的标签。

从中心主题进行发散，列出不同的标签类别，通过标签的分类和数量就知道与他的人脉质量是不是优质的，是不是单一的了。可以对自己人脉分支标签进行设置，例如列出兴趣爱好相同者、工作同事、旅游朋友、同学、客户等不同的分支。然后将这些大标签进行进一步的细化，让不同的标签都尽可能地细致。将之前整理出来的人脉关系列表当中的人分别归纳到不同的分支之下。

第三，检查自己的思维导图，给每个人都添加细致的信息。

将不同人脉的信息全都显示在思维导图当中，并且用一些方式使其突出，可以使我们更好地区别不同分支下的人脉关系，为我们构建人际关系网提供了便利，同时，查阅起来也会更加方便快捷。

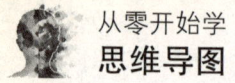

将自己的通讯录制作成为思维导图吧!

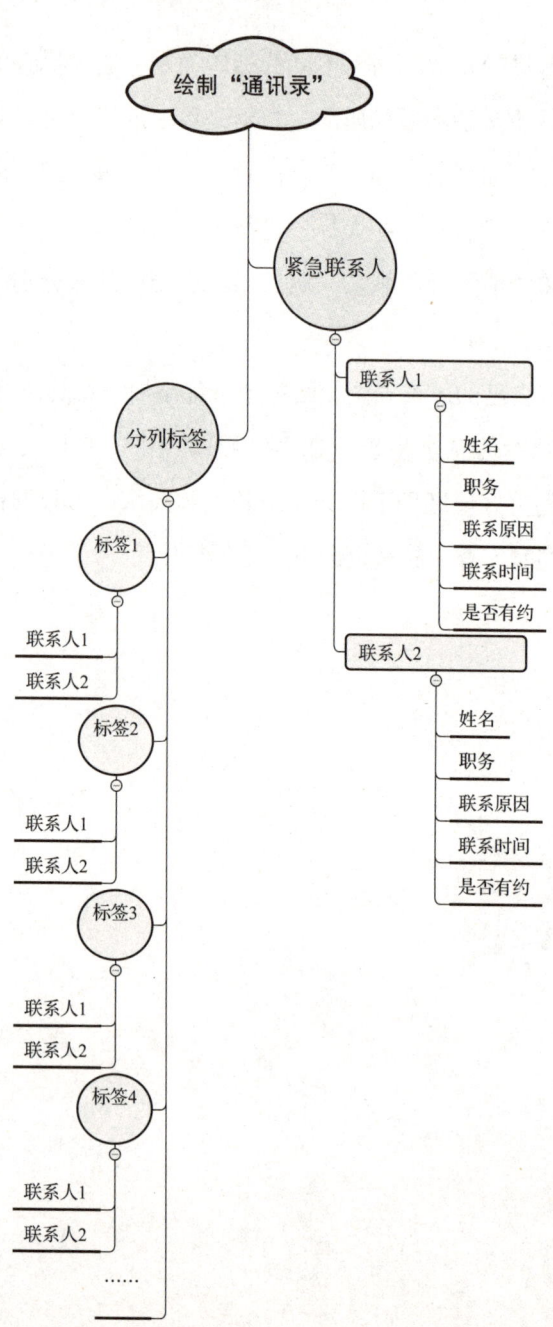

12.5.4 维护良好的人际交往

运用思维导图的形式，可以增进我们与他人的沟通，使我们的会话更加有逻辑性，这样也会更加有利于我们构建良好的人际关系。

要想创造良好的人际关系，就需要我们做到有心善为、用心经营，通过各种方式和渠道充分了解别人的爱好和需求，然后在人际交往的过程中尽可能创造条件去满足对方。

美国成功学大师卡耐基说过，专业知识在一个人成功中的作用只占15%，而其余的85%则取决于人际关系。那么如何将我们接触到的圈子中的人转化为人脉资源？如何将圈子的人脉资源转化为事业资源？这里最关键的就是维护好人际关系网络。人际网络要勤于维护，缺乏妥善的管理会让你最初的努力功亏一篑。

首先，你可以选择"卡片维系"的方法。在拓展新人脉的过程中填写记录卡片，详细记录在什么活动中结交的什么人。不要只写下名字，而要写下你对他们工作最感兴趣的方面。这样就不用记住所有的细节，在需要时有所侧重地查看卡片就可以了。

绘制卡片的这一过程，就可以依据上述的思维导图方式进行详细展开，将不同的人作为导图的中心主题，围绕着这个人进行发散，给每一个出现在我们生命当中的人都制作一张思维导图，那么这将会成为你强大的资源库。

在维系自己的人际关系过程中，可以尝试建立一个固定的联络方式，在每周或者每月固定的时间与工作同事或者朋友在聚会上碰面。这种方式可以很好地维系我们的人际交流圈。

保持友好沟通永远都是维系人脉的重要方式之一。一份祝福、一件小礼物，在我们的人际交往当中即使做一件微小的事情，也可能会有很大的影响。在熟人生日时送上鲜花或是发出一份祝福电子邮件，朋友婚礼或是朋友生育宝宝时及时送上祝福，在行业报告中读到老同事获得成功时马上祝贺

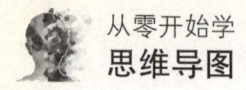

他……最终你会发现自己也会收到意想不到的祝福，也会有人想着你。

人际关系的交流是相互的，当你在为他人着想的时候，也许一件小礼物就可能极大程度地加固这条人脉。

如何选择礼物是常常困扰我们的问题。比如，我们去外地旅行回来时，一般都会给家人和同事、朋友带点礼物，这样的方式可以为我们形成强连接打下很好的基础。但有些时候，我们费了很大的劲从很远的地方带给别人的东西，别人却并不喜欢，结果是费力却不讨好，也没有起到良好的人际交流效果，而我们在挑选礼物的过程中又是绞尽了脑汁。如果可以用一种视觉化的思考模式将挑选礼物的过程描绘出来，那么，我们在维系自己的人际交往过程时就会更加轻松，也不必会有过多的纠结。

那么，如何才能利用可视化思考方式处理好自己的人际关系？其实一张人际关系思维导图就可以搞定它。

第一，在思维导图的中央绘制中心主题，或是其他图案。

第二，按照需要购买礼物的人数，画出第一层相应的分支数，并在分支上面写下他们的名字。

第三，在每一个名字的后面再画出第二层，每个名字后面有两个分支，在分支上面写下"喜欢"和"厌恶"。

这样不仅能够发散自己大脑中的想法，同时，还清晰地整理出了自己的人际关系网，也使人际关系交流变得更加轻松。

将为你的朋友挑选礼物的过程绘制成一幅思维导图吧！

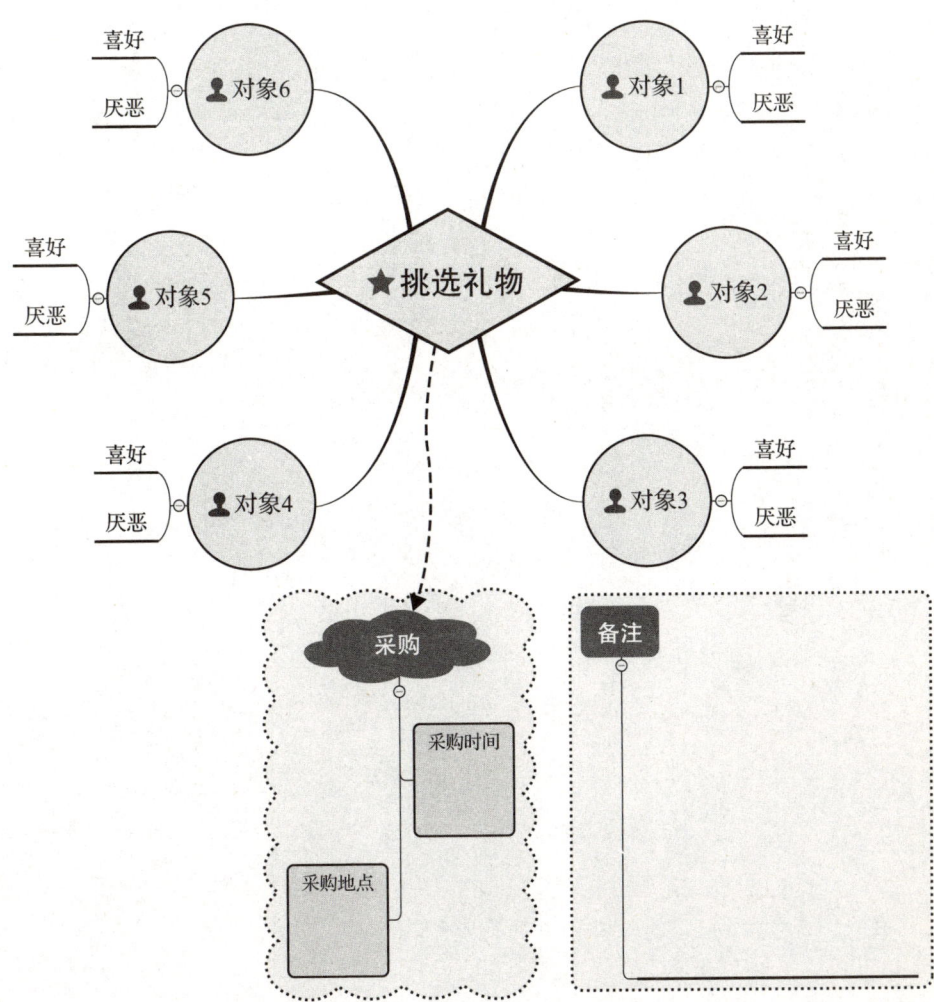

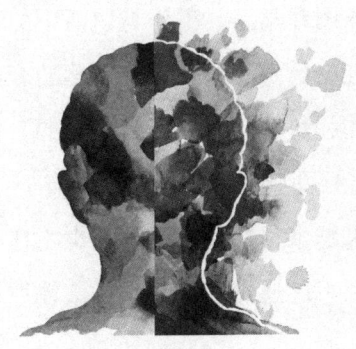

附录
常用思维导图软件介绍

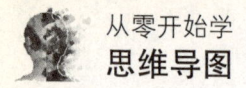

前面阐述了思维导图在学习、工作与生活中的各种应用，也展现了思维导图的好处。在现代社会信息化科技发展迅猛的今天，运用软件绘制思维导图是信息化社会的整体趋势，其方便、高效及便于保存与传播让越来越多的职场人士以及对于思维导图感兴趣的人们青睐有加。

思维导图软件越来越多，在线思维导图也正在兴起，很多陌生人甚至身处异国的朋友，都可以一起通过互联网进行集体思维导图绘制，共同完成某个项目的思路梳理与呈现。

用软件绘制思维导图，选择某一款软件很重要，同时要掌握好该软件的基本应用功能。此外，运用软件绘制思维导图还可以储备一些常用的图标、图片作为思维导图关键词的补充资源，也可以通过在线图库来搜索，这样就避免了绘制精美图像时花费的时间太多了。

目前思维导图软件还是以国外开发的软件为主流，也有不少国产思维导图软件。实际上这些软件的核心功能都差不多，都是在东尼·博赞思维导图原理的基础上，通过一个中心主题向四周展开的。不同习惯的人，可能对不同软件的个性化设置有偏好。下面为大家简单介绍几种常用软件。

Mindjet MindManager

Mindjet MindManager 不仅仅是一款思维导图软件，它同时还是一套完整定制的软件和工具，用来帮助用户进行头脑风暴、掌控项目、任务协作并保证项目高度协调一致执行。

Mindjet MindManager 更像是一套完整的项目管理与协作方案，包含了非常强大的思维导图和头脑风暴工具，从头到尾完美设计，帮助用户组织项目、从项目各分支分配任务给不同的人，将所需单独的待做事项和工作完整规划从而保证项目成功，无论你是管理自己的待做事项还是与几十、几百个人协作，都可以得心应手。

另外，Mindjet MindManager 还可以完美结合网络服务及各种软件、工具，如 Microsoft Office、Box、Net 等等，Mindjet MindManager 获得了很多企业用户的青睐。

Mindmapper

Mindmapper 作为一款老牌的思维导图软件，其绘制思维导图的风格非常独特、灵活，它的很多功能键都被后来的思维导图软件所借鉴。Mindmapper 甚至还开发了专门针对儿童学习的思维导图软件，里面的基本按键多用动画的形式呈现，非常直观。

XMind

XMind 是一款商业思维导图软件，是应用全球最先进的 Eclipse RCP 软件架构全力打造的易用、高效的可视化思维软件，强调软件的可扩展、跨平台和稳定性，致力于使用先进的软件技术帮助用户真正意义上提高生产率。XMind 无论是适宜性、通用性都是非常高的，可以与 Mindmanger、freeMind 等思维导图相互转化。

XMind 绘制出来的图片层次感非常强，线条柔和美观，并且不仅可以绘制思维导图，还能绘制鱼骨图、二维图、树形图、逻辑图、组织结构图、甘特图等等可视化图表。

FreeMind

FreeMind 是一套实用的开源思维导图、心智图软件，支持 Windows、Linux 和 Mac 等多种操作系统，由于本款软件完全免费且不断更新，在各大网站上也非常流行，常用的思维导图功能基本具备且简洁实用，可以和某些思维导图软件进行互相转化。

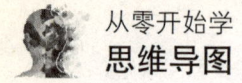

Coggle

Coggle 是一款在线思维导图工具，简单易用，轻松上手，使用谷歌账号即可直接使用。

Coggle 可以自动为分支分配不同的颜色，点击分支可以看见颜色的齿轮，从中选择喜欢的颜色。导图绘制完成后，可以下载下来存为 PDF 或者 PNG 文件，并与他人分享，允许他人浏览或者编辑导图，甚至可以查看自动保存及修改历史记录。

国内在线思维导图制作工具

Mindpin 在线软件，支持识别 Mindmanger、XMind 软件工程文件。

MindV 商业在线导图软件，可识别 Mindmanger 等传统思维导图软件。